AF345190

LES SECRETTES Ruſes d'amour.

Où eſt monſtré le vray moyen de faire les approches, & entrer aux plus fortes places de ſon Empire.

Par le S. D.M.A.P.

A PARIS,

Pour THOMAS ESTOC, au Palais en la galerie des priſonniers.

M.D.C.X.

A MADAMOISELLE

DE S. P.

E voila qui m'eschappe des mains le discours que demandez : vous pouuiez me dispēser de luy faire veoir la lumiere, puis qu'assez de tēps ie vous en auois entretenu : si peu de cas ne demandoit le iour, comme estant faict sur le champ en vostre compagnie : ie n'auois pas accroché mon ambition à ce but : mais puis qu'ainsi me le rauissez fraudant par ce moyen la gloire à mes esperances, i'auray iustice de ce tort vers ceste belle Dame qui m'offrit le sujet : vous le voulez en fin : & bien i'y satisferay encor' que contre mon gré : ce sera toutesfois auec pache de l'auoir en sauuegarde : le che-

A ij

min est dangereux : couuert d'enui
& de mesdisance : & ce ieune enfan
çon en pourra-il sortir, sans voir vn
Soleil qui dissipe ses nuées ? Il se pro-
met beaucoup sous la lüeur d'vn si be
astre : faictes donc que vostre non
luy serue de Phare : pour gauchir a
hazard : vostre vertu sera son Aut
sacré, sur lequel il offrira ses vœu
pour estre à toute eternité vostres.

LES SECRETTES
Ruſes d'Amour.

’E s t trop, c’eſt trop,
qu’on face treſue aux
plainctes, qu’on deſi-
ſte le dueil: voici main-
tenãt le ſecours. Mais,
choſe eſtrange, & dont ie ne ſçay aſſez
m’eſmerueiller, que d’vne ſi feconde
pepiniere de grands & gallands perſonnages nul n’ait tenté d’ouurer, ny
d’ouurir vn ſi admirable ſubject: n’eſt-
ce pas vne honte que de tant de beaux
eſprits dont la France eſt maiſtreſſe,
perſonne n’aiſt entreprins à dire, où
y a plus de contentemẽt faire l’amour
à vne fille : courtiſer vne veufue: ou
pourſuiure vne femme mariée (pour
d’autres ie n’en trouue point , au
moins ou vn homme d’honneur doib-
ue penſer vn quart d’heure.) Quoy ? y
a-il queſtion plus commune, ny qu’on

A iiij

doiuent mieux praticquer : tout le
monde court à l'amour , tous crient
apres, & ce pendant , ô imprudence!
ô impudence ! personne n'en ose dire
les formes : & comme pensez vous
escheler au Ciel de sa grandeur si les
marches vous faillent? l'vn temeraire
abordera vne fille : l'autre persom-
ptueux accostera vne veufue, & vn in-
discret affrontera la mariée: Vous ver-
rez arriuer le premier empanasché, la
terreur de l'enfer par la pomme de son
fer, le fleau & l'espouuante du Ciel par
la poincte de l'espée, auec vne grosse
perruque frisée, cordellée, empoudrée
les sourcis pincetez, les iouës plastrées
& vermeillonnées, la moustache re-
dressée, la gorge ouuerte , la bouche
pleine de blasphemes : le corps en
mouuement perpetuel , & qu'auec
Rodomõtades louëra haut ses gestes
que c'est luy qui soustient des espaules
la charge des Cieux : que sans luy la
terre seroit dépeuplée d'hommes: que
c'est luy qu'en faisant faire iour aux
ennemis à faict chercher seureté à
leurs vies dans la fuite: Aussi (dira-il)
qui est celuy qui ne m'en louë : les

Princes me cheriſſent : les grands me
recherchent:les plus mauuais garçons
me redoutent : chacun quand & ſoy
me reſpecte: chacun m'aime , chacun
m'honore, & les Dames ſur tous me
fauoriſent : l'vne rit à mes graces,l'autre admire ma façon , vne autre ma
courtoiſie, l'autre mon renom, & ſi
ceſte cy me fait bon œil, l'autre a l'enuy meilleur accueil . Si l'vne veut triompher de mes merites, l'autre court
à mes valeurs,dont la force, force les
plus fortes, vn million ſont mortes
pour moy, & laquelle d'elles pouuoit
coucher vne nuict dans mon lit, ſe iu-
geroit heureuſe pour auoir de ma race, à faire la guerre: C'eſt aux Dames
que ie ſuis:c'eſt à leurs ſecours,contre
les cours &les coups de fortune que ie
reſerue mes puiſſances : c'eſt moy qui
ſuis le piuot de leur honneur : bref,
c'eſt pour elles que ie ſuis viuant au
monde:Et auec quelques autres paroles conclura à la fin qu'il eſt le braue
des braues, la fleur & la perle du monde, la vertu & l'honneur de nos ans,&
qu'ils eſt digne d'eſtre aimé ſur tous.

Suiura de pres ceſtuy-cy vn fraiſé,

ayant les yeux enfoncez, le fourcils
releué, & qui auec trois parolle
de trois mois eſtudiées propoſera,
que ſus tous ſes deſſeings les veufues ont touſiours tenu les premieres
places, que ſa reſolution ne fuſt iamais autre qu'eſtre à elles : qu'apres
auoir fait recerche par tout il auoit
fait eſlite du plus digne ſuject de la
terre : c'eſt vous (dira-il à la veufue)
ma belle que i'adore : vous dont les
graces m'ont cõduict aux plus amoureux deſirs : vous eſtes l'oracle de mes
fortunes : dame de mon cœur: Royne
de mes eſperances : c'eſt à vous donc
que ie me rends comme humble vi-
ctime à la mercy de voz douces flammes : & me conſacrant au pied de vos
autels me prepare aux euenemens du
ſacrifice que vous en voudrez faire.

Tantoſt partira d'vn canton vn
mignard fardé, muſqueté, le chapeau
à la mutine : la gaule en main , marchant à pas meſurez, ſe fourrera dans
vn bal, & au bruict de ſes habits, qu'à
ceſt effect il aura prins ce iour là, & au
partir de là qui n'aura rien oublié
chez ſoy que la modeſtie, s'ouurira

place, & prenant au poil l'occafion de dancer , apres quelque façons: comme les yeux doux , & le preffement des mains : dira à la mariée, qu'il n'euft iamais creu que fa bonne fortune luy deuft fi bien refpondre : qu'à ce coup il cognoift que Dieu ayant pitié des peines que fon amour luy caufoit, a voulu ouyr à fes plainctes: qu'il n'euft point eftimé fe dire fi heureux , qu'il ne veult plus importuner fa bonne fortune d'aucun bien que de la feruir, puis qu'elle la de tant fauory de l'heur de fa cognoiffance, & que le plus grand defir qu'il fçache auoir , c'eft de veoir naiftre quelque occafion où il ayt moyen luy faire paroiftre auec combien d'affection il defire la feruir : & qu'il a tant d'affection à fon feruice que le feul honneur qu'il afpire, c'eft d'eftre fon feruiteur, & auec quelques autres termes continuera ce difcours auec beaucoup de violence.

Mais ô efprits fans efprit à quoy tédez vous? pourquoy eft-ce que vous aduācez ainfi vos malheureufes deftinées ? Ie les ay entendus exalter fes

actes iufques au plus haut Ciel de la
gloire, & comme affis fur le throfne
iuger de l'humeur des Dames auec
beaucoup de defdain & d'auantage:
ils fe crient le phœnix des amans de
ceft aage, le Soleil, le feul œil du monde, & les vrais mignons du bon heur à
qui le deftin a referué la gloire d'eftre aimez des Dames : mais pour ruiner ce Phaëton, faut il que ces paroles? & puis qu'amour n'eft qu'vn defir de iouyr, pourquoy eft-ce que fans
confideration vous oftés la bonne
fortune des hommes : eft-ce par Ro-
domontades que vous voulez acquerir les graces des Dames ? n'eft-ce pas
la difcretion humble & l'humilité di-
fcrette qui rend les Amours à fin heu-
reufe. Muguets, vous voulez prendre l'amour : mais las ! comme ils s'y
prennent eux-mefmes : ce n'eft point
à compagnon à qui vous auez à faire,
vous en voulez à vn Dieu qui maiftrife les dieux? eftes vous fi aueuglez que
les aifles de voftre ambition vous portent fi haut ? Les fables nous difent
qu'vn certain Macareus fuft changé
en oifeau pour auoir parlé contre la

Déeſſe Venus, ceux qui s'attaquent au Ciel ſont de meſmes, & ſe trouuent en fin reduicts en des veines & des volages penſées : tout voſtre fait ſe rendra en gazoüillemens, tout voſtre effort en air battu, tous vos feux en fumées, & ces ombres que vous pourſuiuez vous eſchaperont des mains, où aſpirent vos deſſeings ? hé ! Dieu quel mauuais genie a-il donc luité le ſien,

C'eſt-icy, c'eſt icy où i'appelle vos beaux deſirs, ô ! belles Dames, & voudrois volontiers ſçauoir, ſi ce ſeroit pour voſtre intention profaner vos graces à telles gens : ſi vous voudriez point preſter le cœur à tant d'indiſcretion, & à ſi ſuperbe arrogante ? ſeroit-ce pas indigne de vos grandeurs ?

Vous, ô ! diuines lumieres, qu'auez paſſé la carriere de vos vies ſoubs le drapeau d'amour, emploiez y vn plus ſalutaire Conſeil, attendant que ie batte ceſte lice : Et vous beaux eſprits pour qui ie dreſſe, & à qui i'addreſſe ces eſcadrons, aſſiſtés-moy de vos faueurs à ſi hazardeuſe entrepriſe : Faictes plouuoir vos graces à torrents ſur

mon ame : diſſipez tous nuages pendant que ie me diſpoſeray vous apporter vn ordre où l'experience dame
en toutes choſes manque quand à ce
tout à fait : ie vous y diſcourray , &
vous deſcouuriray des plus ſacrez ſecrets d'Amour : mais que ie ſçache ce
mien labeur auoit trouué place en vos
graces : ce que ie me promects ſçachant bien que voſtre courtoiſie ne
deſniera point ceſte faueur à celuy qui
tant vous honore.

Ce ſera donc par l'amour de la fille
que ie commenceray vous entretenir : & bien qu'on ne la doiue prendre
(de quelle qualité qu'elle ſoit) qu'à
l'humeur de celuy qui eſt à la pour-
ſuite, ſi puis-ie dire eſtre l'infirme à
tous : ie renge apres la veufue, eſgalāt
toutes choſes , & pour le dernier la
mariée, tous trois neantmoins profi-
tables : car la fille eſt de complexion
froide, impatiente, volage, & qui pour
ignorer que c'eſt d'amour ne ſe rend
point accoſtable : ou ſi quelque bon
deſtin l'eſchauffe de ceſte paſſion, elle
apportera tant de l'artifice pour couurir ſon affection, qu'en fin le feu

qui deburoit sortir à iour & paroistre
deuant l'ame de celuy qui cause tel
martyre demeure caché à ses yeux:
que s'il aduient que pour la perfection de celuy qui luy rend du seruice elle entende à ses vœux, ce ne sera
qu'incertitude que l'object de son
honneur aux yeux , comme si ce
que la nature permet luy causoit quelque blasme, & en fin qu'vn refus: fran-
chissez la de ce doute: presséz-la puis
apres: elle vous donnera alors de belles paroles sur lesquelles vous asseure-
rez partie de vostre heur : tout soudain la voila descocher vn trait de rigueur ou de desdain : si que tirer la
faueur d'elles, c'est batre à sec: ou si
à la fin vostre courtoisie vous en donne l'aduantage, (ce que ie ne croy pas)
c'est auec tant de peine que , pour
raison de ce on ne luy en doit aucune
obligation : tout l'heur que ie iuge
qu'on y puisse auoir (si heur se doiuēt
appeller ses folies) c'est s'habiller de
de ses couleurs: courir la voir à l'Eglise, entendre tout l'office & puis ne la
voir pas, a dessein pour vo⁹ martyriser
d'auantage: se tenir sur la porte pour

la conduire au logis, & le plus fouuent
prendra-elle la faulfe pour vous laiffer
aux ennuis: qu'elle foit au bal, n'en fera compte non plus que d'homme
qu'elle n'ait iamais veu, & encores
prefera-elle l'honneur à l'incogneu:
qu'on aille à la retraitte, vn baboin de
Corriual la vous ceindra à droict, &
voila Monfieur qui bridera la mulle:
& bien fouuët qu'eft le pis en amour
elle fera choix pour maiftre de fes affections vn importun eftranger, eftran-
gé de conditions hôneftes, des fauory
des dons de la fortune : & priué des
belles graces de la nature: parce qu'il
fçaura pincer vne miferable corde fur
le Cyftre ou Mandorre : manier en
charpentier vn Luth ou bien defgoifer
quelque trifte air auec vn faucet forcé: & le fera-il auec mauuaife mine: il
ridera, & le front, & le nez, il branle-
ra la tefte, il forcera fes yeux: Au partir de là vn prefomptueux, vn Rodo-
mont, vn inconftant, vray oifeau de
paffage: en fes façôs vn chathuant, en
fes difcours, vn forcené: en fes efcripts
vn pedât, petit baboin qui maiftrifera
fes actions à baguette, qui dédaignera

ces affections, qui la morguera, tout
tesfois, c'eſt le parfaict de madame,
c'eſt ſon vnique, c'eſt ſon Soleil, c'eſt
ſon braue Cauallier, & ſans cognoiſtre le danger où elle ſe fourre, la voila bruſlée de ces feux eſtrangers.

Qu'vn galland homme accomply
de toutes les vertus qu'il fault pour
rendre vne creature parfaicte, s'y rende ſujeect, qu'il taſche à luy complaire : il ſera vn faſcheux, vn ſot, vn audacieux, dictes-luy qu'elle eſt le miracle
du monde, l'honneur de noz ans, le
vray pourtraict de toutes les beautez
& perfections de la terre, le bien-heureux obiect de vos deuotions amoureuſes : elle vous repartira que d'autres en prendrons : que ce n'eſt point
à elle à qu'il en faut dõner : que le diſcours luy offence l'oreille : ne voudra
plus vous eſcouter : voꝰ quittera : que ſi
la douceur ne loge plus auant dans ſon
ame, qu'elle vous y applaudiſſe : quel
bien (ſi ainſi vous l'appellez) pouuez
vous eſperer qu'vne alliance qu'elle
vous fera naqueter long temps : vous
diſcourrés l'vn l'autre à plaiſir : ô grand
contentement : ſe laſcher en faueurs :

ce sera vn ruban colombin, vn incar-
nat, ou autre de ses couleurs : & la sottise des hômes est bien telle que croire
ce que n'est rien estre beaucoup : ils
feront cas d'vne esguillette : de quelque bracelet, & encores leur sera-elle
croire que c'est à luy seul que ces faueurs sont destinées : qu'homme du
monde n'en eust iamais tant, & peult
estre quelque petit sot triomphe de
plus grandes : Adioustons mesmes
que le baiser s'y donne, qui ce peult
fort honnestement faire : ce sont choses de si peu de substance & si fades,
que ce n'est rien que paille au pris du
grain que nous cherchons : Neantmoins, tel est le malheur des hommes
que de liurer nostre ame aux appasts
de ces filles : Filles, qui n'ont pour loy
que la fainctise : pour foy que l'incon-
stãce : & pour salaire que le blasme, &
encor sõt-ils si sots que se laisser piper
à ses parolles instrumés malicieux des
infidelitez de ses ames : Miserable condition des ames subjectes à ses filles.

La veufue a ses desirs plus resolus,
elle dit librement le mot, & est de
complexion amoureuse : elle cognoist

gnoift l'Amour ayant auffi toft goufté
fon fruict qu'apperceu les fueilles : vn
pere ne la maiftrife plus : la mere ne la
garde point : la puiffance du tuteur fur
la liberté de fes actions eft expirée, elle
s'efbat felon l'eftenduë de fes volontez : prend plafir à chercher du plaifir
& fait chois des plus aggreables à fes
yeux, dechaffant l'apprehenfion de
toutes gardes : Ainfi celuy qui l'aime
la trouuant tant accomplie & fi bien
inftruicte en cefte lice ny peut receuoir que du contentement : il s'efbat,
ores à droict, ores à gauche dans de fi
delicieufes campagnes , ainfi que
l'efguillon de fes defirs l'appoincte.

Des trois efchelons par où il fault
monter au fommet de la gloire, la
veufue en eft capable.

Par la parole qui eft la fidelle meffa-
gere du cœur & qu'aide beaucoup à gagner la volonté des efcoutans, on luy
raconte fes peines : quelles cruelles
gehennes nous detiennent ferré : quel
deftin nous a conioinct à elle : quels
tourmens on endure pour fon amour
on luy remet deuant les yeux mil
imaginations galantes, & mil galan-

tiſes imaginée : combien ſon beau
nom nous eſt graué en l'ame, quel
honneur on s'acquiert faire ſon adueu : comme on ſe plaiſt en ſes liens
& qu'ils ſont ſi agreables qu'on les deſire pour eternelles priſons : combien
il eſt reſolu vſer ſa vie à ſon ſeruice:
qu'il l'adore comme la ſeule marque
de la diuinité qu'il recognoiſt ça bas;
qu'il n'y a perſonne qui n'admire vn
ſi rare ſujet de perfection : qu'il ne
veut plus eſtre ſolicité par autre ob-
jet de ce ſiecle . que les moindres
traicts de ces yeux ſeront deſormais
les loix, & les ordonnances de toutes
ſes volontez , & en fin qu'elle eſt le
ſeul & vnique pouuoir d'Amour, que
par elle auſſi il ſubiugue toutes les
ames.

Ces paroles qu'on doit filer aux
plus beaux termes dont on ſe peut i-
maginer preparent la volonté des affections, car la parolle eſt trompette
de la perfection de l'ame qui par elle
ſe fait paroiſtre : & par ceſte premiere
marche : mais que le Courtiſan ſoit
accort, ou s'ouure la voye au toucher
qu'il la ſeconde: c'eſt icy où conſiſte la

principale adreſſe de faire l'amour:
c'eſt icy où l'on faict monſtre de ces
forces : il faut s'aduancer aux aſſauts
amoureux , meſmes quand on veoit
qu'on ſe prepare à la breche : & n'imiter point ces bas courages qui bruſ-
lẽt ſeullemẽt pour l'opinion, & nõ ve-
ritables en ſes penſees ne cheminent
d'vn pas égal apres ce qu'ils ont deter-
miné:il eſt neceſſaire d'allumer les flã-
mes du deſir pour y apporter l'eau du
contentement qu'on s'imagine , tantoſt s'aduancer aux cheueux : les luy
friſer, & ſur le molet creſpé y ſemer de
la poudre de Cypre : luy mettre mil
fleurettes deſſus , & ſe baſtir par ce
moyen des baſtions à guerroyer l'A-
mour : les luy baiſer & rebaiſer,puis
les mains, & ſi elle permet tout cela
courir à la bouche : ſe remettre ſur la
preſſe des tetins, quand & quand re-
monter en cõpaſſion à ſes yeux: benir
ſes beautez adorer ce beau viſage:te-
nir l'œil ſur le reſpir du corps:baiſer la
gorge,puis les tetins: ietter quelques
ſouſpirs: comme teſmoings du mar-
ryre faire du paſſiõné inquiet : tantoſt
l'œilladant auec la larme à l'œil, puis

luy baiſer les mains : les luy preſſer, &
de pres ſerrer le pied, aduancer la main
ſur le cotillon, & y apporter autres façon qui en ſemblables affaires doiuēt
eſtre de la partie : mais c'eſt icy où le
iugement doit ioüer le principal perſonnage & ne faire point comme ceux
qui ſe voyant bien armez , & montez à l'aduantage, penſant eſcarpiner
s'aduancent tout à faict au combat
auſquels ils aduient ſouuent comme
Icare , s'y perdre : car ce n'eſt pas
tout ſe baigner à l'aiſe dans les delices,
il faut apres trouuer le chemin du logis, & s'en retourner bien ſec : en apparence ſoyez tout amour, pleurez,
bruſlez, mourez : mais en effet n'en
ayez point en l'ame, imitez les Dames
qui changent auſſi ſouuent de ſeruiteurs que d'habits ; c'eſt leur petite
humeur, & de fait il ne s'en trouue aucune qui n'aimaſt mieux changer de
dix ſeruiteurs le iour , que demeurer
dix iours auec vn ſeruiteur, c'eſt ſa
gloire qu'attirer à ſon amour par des
careſſes & s'aproprier vn ſeruiteur qui
n'ait plus moyen s'en deſdire : mais a-
pres les ayant dans ſes pieges les mo-

quer : c'eſt vn dangeux eſcueil que ce-
ſtuicy : c'eſt ce mauuais paſſage des
Cirenes lequel eſt beſoin d'euiter : il
y a quelques iours qu'eſtant à vne
fort belle compagnie ie ſourdit vne
queſtion, qu'eſtoit propoſée par vne
belle Dame : & apres auoir beaucoup
diſcouru de l'humeur des hommes &
des femmes , elle me fit vn compte
d'vn pauure ſot qui s'englua ſi bien
qu'il en cuida mourir : & eſtoit ceſtui-
cy (diſoit-elle) vn qui faiſoit du gal-
lant, qui s'eſtudioit à me donner de
belles paroles, qui ſe mignotoit pour
m'embarquer à ſoy , & me ioüer puis
vn mauuais office : à ce ie le cogneus
par le deſduy qu'il me faiſoit d'autres
Dames , qu'il diſoit auoir delaiſſées
pour ſe rendre à moy : ma foy ie prenois ces parolles pour argent com-
tant (& ſi ne les croyois pas) attendant à les rabattre à poinct nom-
mé : qui fuſt cauſe que ie commence le voir de bon œil, luy ſoubſ-
rire, l'aſſeurer fort auec des plus belles paroles & à me ſeruir de tout ce
que ie iugeois propre à tirer mon re-
uenche. Il me regarde vn iour de ſi

pres que certes ie ne ſçay par quel bon
deſtin il tumba dans mes pieges : ce
fuſt lors que ie cõmencé à mé retirer
& ie vous laiſſe a péſer ſi i'y rédois des
bons offices : icy ie l'interromps , &
luy demandant ſi elle croyoit ſe faire
point de tort, dire ce compte ſi peu ad-
uantageux à ſon honneur , me repart
que ſon honneur ne s'en offence point
& que c'eſt l'acte d'vne habille Da-
moiſelle d'attirer les corrompus iuſques meſmes à les faire corrompre,
qui veullent donner des paroles pour
payement des faueurs de Dames , &
puis luy donner ſon congé:ce ſont des
mots certes fort hauts : mais ie trouue
pour moy qu'elle auoit raiſon : car
puis qu'on ſe reſout de diſſimuler,que
ce ſoit à bon eſcient, & non pas s'y
mocquer, & que ſert-il d'apporter tãt
d'artifice & puis ſe perdre dans ce de-
dalle, c'eſt à vous d'y penſer, prenez
vous y donc bien garde.

La iouiſſance eſt le but de l'amour,
& le bout de noſtre theſe : c'eſt par là
qu'on ſe rend heureux, c'eſt par ſes effects que nos vies ont vie, & que les
conceptions de nos eſprits ſe teſmoi-

gnent, c'eſt elle qui eſt l'ame de nos
ames : mon Dieu quel doux plaiſir:
quel contentement : ce ſont cordages, qui ſerrent , qui lient, les ames
des ames : liens dont le deſbris ne peut
commencer que par la fin de la vie: ô!
heureux vous qui apres tant de gehẽ-
nes , tant de tourments paſſez auez
eſté conduits en grace , qu'apres pluſieurs peines auez eſté ſalariez de ſi
douce recompenſe : heureux trois &
quatre fois, heureux celuy qui ayant
receu vn ſi cruel martyre ſuit la co-
ronne de ce contentement. Eſt-ce
ainſi donc ô Amour qu'apres auoir
playé tes ſubjects par vn nombre in-
fini de coups : & les auoir pliez par
tant de ſecouſſes ! tu les playes d'vne
ſi douce vie ! l'heur des hommes eſt
donc en toy ſeul : hors de toy tout
malheur abonde : helas ! mais c'eſt
trop.

La veſue dõc en ſon amour eſt plus
parfaite pour y auoir plus de contentement qu'en celuy de la fille.

Mais, elle à vn defaut, que ie ne puis
diſſimuler, & qui diminuë fort le luſtre de ſa gloire: C'eſt qu'elle ſe baigne

trop dans l'eau de ses delices , ou la
conqueste est trop facile , c'est pourquoy souuent il aduient qu'vne faci-
lité si grāde apporte du mespris,& ter-
nist le lustre du suject desiré : les fleurs
des prés ne sont point si haut rehaus-
sées, ny en si grand pris que celles d'vn
jardin: Ainsi la veufue pour auoir l'accez trop facile à toutes sortes de personnes indifferemment languist , &
comme la fueille au bois demeure
court sans bransle : On conte merueilles d'Olimpe : il se fait grand cas
des colomnes d'Hercules pour estre
hors l'vsage commun : mais si la veufue se rend accostable à tous , voyla
l'effect de son pouuoir rabaissé : il faut
qu'elle se tienne sur les rengs, qu'elle
ne voye que personnes discretes, fide-
les, sages & dont les vies soient l'asseurance de son honneur, qui luy en res-
ponde de cet office: que si pour se descharger de l'effet de la iouyssance, ou
du dire du peuple veut tenir le visage
hault esleué: ce que ie ne luy conseille
pas faire ne la retiue ou la fine (ordinaire du sexe pour estre retenuë de ces
considerations) si faut-il encores con-

ttibuer

tribuer cet adueu que le contentemēt
ſ'en abſente : car faire l'amour, parler, baiſer, toucher, ſans en venir aux
priſes, c'eſt autant que trauailler en
vain : & en vn mot auoir la beſte ſans
pouuoir la monter.

Toutes-fois il s'en trouue aſſez à
qui le deſtin a eſté ſi contraire, qu'ils
ſont nées à cet infortuné trauail ſans
cueillir le fruict de ſa peine, ils ſeront
d'ordinaire aupres de leur maiſtreſſe,
& ne faudront pas au matin d'eſtre à
ſon leuer : le ſoir ſe trouuer à ſon coucher triomphants de maſcarades, dan-
ces, balets, aubades, courront la lance,
battront la barriere, & autres entrepriſes à leur faueur : ils ſeront beaux
diſeurs : profereront bien vn ſerment,
ſeront ſecrets : ſe iouëront des fortunes du monde: ſçauront tromper, ob-
fuſqueront les yeux les plus clairs
voyants en leurs affections : bref il ſe
prepareront à tout ce qu'ils iugent
leur pouuoir rendre heureuſe & facile
l'entrée de ſes Dames : & toutes-fois
ce ne ſera que battre l'air: que ce ſoit
l'eſpoir qui leur promettent la raiſon

C

de ce tort auec heur:ou l'aueuglement
de ceste folle fureur, ie ne puis autrement le iuger : si ce n'est que la fatalité
qui leur donne des ombres pour les
corps, & les repaist d'imaginations &
d'idées vaines : quoy qu'il soit ils sont
à plaindre en leur malheur, & ne se
peut faire que ceste passion ne se
change en furie,& qu'au lieu de bene-
dictions ils ne soient comblez de tristesse. C'est pourquoy l'Amour de la
veufue à quelque main que l'on la
prenne n'est point parfait, & laisse
tousiours à ceux qui s'y consentent
vne espece d'ennuy & de desplaisir.

Mais la femme mariée ainsi que la
vertu tient le milieu : & participant
aux deux, assauoir la froideur de la fille, & chaleur de la veufue, la rend accomplie d'vn amour si merueilleux
qu'elle n'est que charme qu'amour,
& qu'aymant : & ainsi que la pierre
pantaura par vne secrette puissance
tire à soy tout ce qui en approche: la
femme mariée par sa perfection d'aimer haste & solicite, voire contraint à
soy tout bel esprit qui desire s'esgayer

aux flots de la mer amoureuse.

S'il y auoit lieu où il me fallut pro-
portiõner l'amour des deux premieres
auec celuy de la femme mariée: ie ne
feroy aucun doute d'apporter les
trois zones du Ciel: dont l'vne qui eſt
celle du pole, par ſa froideur & priua-
tion des rayons du Soleil eſt inhabi-
table: l'autre torride par la vehemen-
ce de la chaleur eſt inacceſſible: mais
la temperée qui eſt la tierce, eſt la gra-
tieuſe: par ce que s'auoiſinant des
deux elle emprunte de la chaleur de
l'vne, & participe en froideur de l'autre: ſoubs elle la terre eſmaillée de
fruicts & de fleurs nous ſemond à y
viure, ſoubs elle les prez & les campagnes ſont tapiſſées de maintes ver-
dures: c'eſt elle qui rend hommage
au gracieux zephire le vent du Nord
& du Sud, que les oiſeaux deſgoiſent
en leur ramage: & que les deux diuins
nourriciers des humains, s'accou-
plant enſemble par vn ſi doux air, eſ-
leuent des autels, & conſacrent des
vœux à Venus: ainſi le dernier a-
mour contrepoiſé par poids fidelles

restrainct à soy tout le parfaict plaisir.

Il est vray que comme au Ciel il y a dissemblance parmy les estoilles: ainsi les femmes ne sont correspondantes en actions & volontez , car les vnes comme fixes marient leur honneur auec ses affections, & ne plus ne moins que les cloux en la roüe conseruent leur vie auec la fidelité de leur espoux d'autres errantes aiment par tout , & n'aiment en nul lieu: ces deux ne sont point de mise en ce discours: les vnes pour estre trop contrainctes : les autres trop libres: mais celles qui visent plus au Ciel de la perfection, & prenant plaisir auec vn seul amant : nous adorons leurs ombres.

C'est elles qui sous le manteau de sa condition affeublent l'Amour dont elles sont pressées : ce sont elles qui font de leurs yeux les flâmes dôt elles mesmes bruslent : ce sont elles qui conduisant ses Amours auec discretion, rendẽt discretes les ames amoureuses : bref ce sont elles qui desrobant subtilement les fruicts de son amour du sein de leurs maris, les font accortement cheoir fur fon fauorit.

Alors leurs efprits viuement enfla-
mez de ces flames fecretes, & leurs
volontez engagées en fi facré combat
vont à l'enuy l'vn de l'autre, & butant
à qui mieux, mieux au blanc de la perfection d'Amour, foüillent dans l'accorte fubtilité, & fubtile accortife,
tout ce qu'ils iugent deuoir reuffir à
fon contentement.

Si l'vn porte le pris au bien dire fur
le refte des hommes : l'autre furpaffe
en voix & en difcours toute les autres
femmes : fi la vertu de l'vn reluit par
tout le monde, la beauté & les merites
de l'autre fera le miroir & le miracle
de la terre : fi l'vn à la dance paroift fur
les premiers, elle pour fes pas s'y rendra la merueille : en outre s'il eft propre en habits, elle paroiftra admirable
tant pour l'inuention & curiofité d'exceller le refte des Dames, que pour
eftre l'object de l'excellence & de la
la propreté : bref ce fera vn couple fi
accompli que chacun vifera à eux,
comme au but de la gloire.

Les fondements dont ce palais d'a-

moura besoin d'estre essayé, sont de
bonnes & fortes colones du secret, &
de la discretion : des pierres angulaires
pour l'enceindre, la candeur : & du
ciment, qui le tout lie de la fidelité:
il faut se resoudre à faire vn chef-d'œuure: que l'amant apporte tel iugemét
en ses actions, & qu'il attiedisse tellemét ses flammes qu'elles soient comme estaintes, s'il faut si accortement
conduire ses desseings qu'Argus mesmes y perde sa vewë: il doit estre
non plus sage à faire l'amour que la
court: veult-il conseruer ses affaires
en bon estat, & les voir reüssir à souhait, qu'il n'en die mot: au contraire
les veult-il rompre, qu'il les cómuni-
que:il faut estre couuert & sur tout en
amour:& les parer de couleur si bril-
lante qu'elle face perdre la vewë à tous
ceux qu'y voudrót ietter l'œil dessus.

Il fault estre ruzé, venir à bout d'vn
mary : d'vn seruiteur, enioller vne
seruante, mocquer les parens, tromper les voisins : bref tout vn peuple, &
comment cela? par le moyen du secret admirable pierre de touche en

amour, ceste difposition nous doibt toufiours toucher l'ame, que referuer à nous, ce que communiqué à autruy nous cauferoit du preiudice : le iuge-ment de l'homme fe cognoift en cela que tenir couuerte fon ame : & quoy? puis que nous ne fommes fecrets à nous mefmes, eftime-on que celuy à qui nous le communiquons foit plus obligé au fecret que nous. ? c'eft mon ame dira-il ? ie le veux bien ? mais, efti-mes-tu qu'il n'ait autre amitié que la tienne ? qu'il ne refpirent autre chofe que toy : & d'où vient, que les plus ga-lans & les plus vertueux font le plus fouuent deftinez au defdain , ou par contraire nous voyons des bugots & des niais qui s'aduancent ? ô ad-mirable perfection , qu'elle langue pourroit eftre fi feconde que d'ourdir tes loüanges : perfection qui rend parfaite toute creature, voire la plus imparfaicte , imperfection qui rend tout imparfaict voire le plus parfaict: c'eft de Pitagore de qui nous deurions tirer noftre forme de viure : de la pa-rolle on iuge les hommes : & com-

C iiij

me les fleurs par leur douce odeur se
font cognoiſtre : ainſi par elle l'ame
donne notice de ſon excellence : ce
grand perſonnage le pratiqua ainſi,
lors que luy ayant eſté conduit vn ieune iouuenceau (Parle luy dit-il) que
ie t'entende : & à quoy eſt bon ceſte
ſtatuë qu'anciennement l'on auoit
dreſſée à l'entrée du temple tenant vn
doigt à la bouche ; que pour nous
créer, & crier le ſilence: ſecret admirable, & qui apporte la derniere main
(comme l'on dict) en amour : c'eſt ce
qui nous doit eſtre le mieux graué en
l'ame, non en caracteres legers : mais
en ſorte que le temps n'y puiſſe point
apporter de l'alteratiõ : mais pour acquerir telle perfection il faut s'y exer-
cer, & en faire telle habitude que ceſte couſtume ſe conuertiſſe du tout en
nature: qu'on nous iuge tels : & que
meſmes celle qu'on choiſit pour déeſſe des affectiõs le croye:à fin que par
ce moyen vous la contraigniez s'aſſeurer de voz vœux: s'il ſe peut qu'elle
voye dans le tableau de voſtre cœur,
que vos actions, que vos paroles, que

vos defirs ne tendent qu'à cet adueu:
que c'eſt voſtre finguliere ambition;
& que vous defirez pluſtoſt expoſer
voſtre vie à cent eſpeces de mort, deuant qne manquer d'eſtre fidelle : &
quand meſmes on luy en rendroit aſ-
feuré teſmoignage par quelque effect
digne de marque ne feroit que meilleur pour fon aduancement.

Par ce moyen on fait deux efforts
en fon ame : l'vn d'oſter l'impreſſion
dont ce ſexe eſt ordinairemēt trauaillé, au moyen dequoy les amans manquent des belles fortunes , lefquels
apres perdent leurs efperances, l'autre
eſt que par ce moyen elles font plus
libres enuers les hommes, & ny ce-
lent rien, defcouurant fon affection,
fon cœur, fes defirs, fes volontez , &
toutes les refpirations noſtres : & s'aſ-
feurant fur la difcretion , communi-
quent d'vne leure le plaifir qu'elles re-
çoiuent de l'autre.

Et qu'elle volupté defireroit-on
plus : c'eſt le premier terme,& teſmoignage d'amitié : non de ces bouches
lafciues : non de ces profanes : non de

ces publicques : mais d'vne dont tu es
obligé à la conseruation de l'honneur
plus que du tien mesme : quel heur
pourroit-il arriuer plus grand : auoir
esté choisis de ceste Déesse d'Amour,
pour amant : s'estre renduë esclaue
pour toy à toy mesmes : te recognoistre pour Seigneur de tes affections : te
fauorir sur toutes creatures : n'est-ce
pas vn bien que tu doibs conseruer au
peril de ta vie; c'est donc en ceste vertu
pour viure bien heureux, qu'il faut
estre instruict : c'est en elle qui faut v-
ser sa vie : c'est là qu'il faut filer ses
iours : & dans vn mot qui ne retient
toutes ses belles qualitez, & ne s'enri-
chist de tels artifices ne doit se croire
digne de la faueur des Dames.

Aux maris il faut se conduire, selon
qu'on iuge l'esprit de l'homme estre
capable : à quoy est necessaire sçauoir
lacondition : ou bien, comme l'accez
est entre-eux familier.

Si ce sont à lourdauts : il ne conuient pas apporter beaucoup de la
preuoyance : (ores que ie ne sois iamais d'aduis fust-il le plus sot du móde

d'y aller simplement :) les affaires se
cheuissent à fil d'eau, (comme l'on
dict) sans beaucoup de peine, ny de
pretexte : La femme du Valet du Duc
d'Alençon le nous apprend, que pour
sauuer son Amant creue les yeux à son
mary , & puis luy demande s'il y
voyoit : Ainsi Florentin se cacha dans
vn dressoir, & fit iour à celuy qui ca-
ressa sa femme estimant que ce fut vn
Sergenr qui venoit l'executer.

Si les maris sont fins, subtils & pos-
sedez de jalousie, il faut se seruir de
Calisto pour ses eschelles de corde, des
coffres, des longs pãniers , d'habits de
facquin, de moine, de medecin, de cro-
cheteur, & autre selõ les oportunitez,
& en ses desguisemẽs tascher à se dõner
carriere : mais sur tout l'absence y cõ-
mãde : c'est lors qu'on faict de bons affaires, quãd la mary est à la Court : quãd
il est detenu à l'armée, appelé au Conseil, ou à l'assemblée, ou qu'il execute
quelque commission.

Que si les commoditez ne sont
point si commodes, ou pour le peu de
loisir qui leur est departi, ou pour peur
de surprinse , vous auez les champs

fort propres à l'amour: mesme quand
les femmes sont trop contraintes : on
se peult assigner dans vn iardin, ou aux
metairies, vignes & autres petits lieux
destinez à ce ieu, où les tesmoings de
ces delices ne soient que murailles,
que les arbres, que les herbes, que les
prez, que les fleurs, que la terre : que
si pour oster tout soupçon, & ioüer sa
farce au long elle veut s'accompagner
d'vne grace : il sera fort bon , (& ce
par charité) que le valet de monsieur
luy frotte les bottes, pendant qu'eux
deux si desennuyeront à fin qu'on ne
combatte point à l'aduantage.

Vn valet, vne seruante, & tout autre domestique sont faciles à tromper;
mais qu'on praticque ses causes al-
lieurs, que chez soy: ce sera chez vne
Cõmere, Cousine, ou quelque autre
qui vous soit bien tenuë : mais que ce
soit chez autre que d'vne grand amie,
dont la fidelité ait de l'authorité, auec
reputation vers le peuple, ie ne le desire pas : car ce seroit se perdre sans y
prendre garde; & pensant euiter l'eau
claire se mettre dans vn bourbier : &

cet amitié & bon office doit estre en-
tretenuë par la representation de l'o-
bligation & asseurance du pouuoir
qu'il a de disposer de tous deux, s'il a
des moyens : ou bien par les cordages
d'vne recognoissance honneste s'il est
despourueu des faueurs de fortune:
Ainsi par ces voyes on s'acquiert le
bié, & ayant attaint le but du côtente-
ment, on euite les perils apprehendez,
& les apprehensions perilleuses, quoy
que telles fleurs n'aillent gueres sans
espines, ny sans s'aider de l'aide d'vne
seruante, qui apres pourroit auoir le
mot aux premieres pointes, & dire
le secret.

Mais quel mal'heur, qu'il faille
qu'vn si grand Dieu plie soubs main si
foible: qu'il soit subject à la piste de
l'argent : Dieu plus puissant que tous
les Dieux : luy qui domine tout estre
mis par tout en vente : qui commande tous, maintenant se veoir commã-
dé par tous : mais qui? par ses subjects:
chose estrange! c'est icy donc le siecle
d'or, puisque l'or regne, & peult tout
vaincre : mal-heureuse peste quicon-

que tu fois, qui premier enfeignat à
vendre l'amour, foit maudicte ta cendre : engeance miferable : tu deshono-
res la noblefse d'Amour : fanfuë abo-
minable, tu en aigry les ioyeufes dou-
ceurs : Amour venal : Amour ferf de
l'or, plus detestable monftre, & plus
fale que la terre produife, & la mer en
fes ondes, toutefois c'eft par là qu'il
faut aborder : c'eft celle qui rend nos
defseings exploictables : c'eft cela bref
qui nous rend heureux.

Plufieurs, faulte de ces addrefses fe
font perdus au deftroict de ce deftroit,
& s'eftants trouuez prins aux pieges
ont feruy de fable aux tables : les vns
y font efté foüetez, les autres battus :
d'autres ont eu la barbe coupée : autres
blefsez : d'autres ont mefuré les fene-
ftres : autres gaigné au pied tous en
chemife, qui eft la plus douce punition
qu'on leur fçache faire : les autres y
ont efté poignardez & remis en fpe-
ctacle au peuple, perdant par ce moyé
miferablement & l'honneur & la vie :
Que fi quelquefois comme il arriue
fouuent, la commodité eft efgarée

pour y auoir fort peu de tels amis par-
faicts en ce monde, il ne fault pourtant cesser ceste poursuite : que s'il
y auoit quelque paoureux qui pour
tous ses perils voulut faire banque-
route à si belle fortune : il est non seulement indigne du nom d'honneur,
& de paroistre, mais aussi de viure : Il
faut franchir le sault : & considerer
qu'aux hazardeuses entreprinses la
gloire s'y acquiert: que c'est pour son
acquit : que c'est pour soulager nostre
ame, & pour nostre bon heur, s'y resoudre : embrasser l'opportunité de
fortune, forcer l'impossible , entrer
chez l'amáte, tascher à gagner la garde, ou par presés, ou par courtoisie, car
c'est le principal pour auoir l'entrée
du logis, mesmes quãd on y a dessigné
la continuation, que si la sentinelle, ne
veut pactiser, ny tomber en accord,
on doit escarter, les valets , par com-
missions appostées , & autres dome-
stiques aux besongnes du logis : l'vn
ira veoir quelque amy: mais bien auãt
dans la ville à fin que par l'interposi-
tion de son subit retour n'empesche

ſes naiſſantes delices : l'autre pouruoi-
ra à la maiſon : occuper les filles à ouurages, viſiter ſes couſines, les conge-
dier à la Meſſe, à Veſpres, au Bal : chacun particulierement ainſi qu'on iuge
eſtre mieux à propos : & par ceſte maniere deſrobant le plaiſir on rend facilement par ſi doux larcin propre l'a-
mour à ſes deſirs.

Icy i'appelle toutes les ioyes : icy
tous les plaiſirs : icy toutes delices,
ſoyez, ſoyez de la partie, contribuez
vos humeurs parmy les allegreſſes, eſ-
ioüyſſez-vous, mais de lieſſe eternelle :
ô Cupidon apporte icy tes dards, que
tes bras nous ſeruent de deffence, &
d'offence contre la fortune : Et vous,
ô belle Déeſſe continués ceſt heur à ſi
heureux amans, & apres auoir franchy
le hazard departez y vos graces.

Les parens, & autres auec leſquels
on conuerſe peuuent eſtre exempts de
ce ſoupçon, & peult-on les tromper,
en autant de façons, que les braues eſprits veulent employer leur addreſſe :
& ce par des moyens, d'autant plus faciles, que moins vſitez ils peuuent

nuire

nuire:lavertu a cela debõ que d'attirer chacun à ſoy : ſi le Courtiſan eſt habille, outre qu'il ſe rend admirable, ſi les cõtraindra-il toⁿ à ſon amour:mais ce qui ſe doit premierement obſeruer, & ſans laquelle choſe on ſe trauaille en vain, rendant par ce moyen toutes ruſes inutiles: c'eſt d'eſpargner les careſſes : eſtre chiches en parolles: s'approcher de fort loin, meſmes eux preſens: ſ'il ſe rencontre à la table que la courtoiſie du Seigneur ait deſtiné,ou commis le ſeruice à ceſtuy-cy il s'eſloignera du ſubject, prēdra tous les premiers en teſte,& en fin à ſon reng rendra ce deuoir à ſon ame.

La meſme diſcretion les doit conduire au bal, autant s'il prend la pourmenade , ſi ce n'eſt que par termes interrompus tantoſt à elle , puis à d'autres, il en vueille auoir, & bref obſeruer les meſmes ruſes , les meſmes formes, & les meſmes preceptes à toutes autres parties: que s'il aduient par fois (comme eſt fatal) qu'elle ſ'eſueille : il fault cacher ce deſplaiſir: ſi par contraire elle rit, luy reſpondre : mais de

D

cœur : presche-on ses vertus, ny entendre point, ou bien y consentir fort
sobrement , & sans boursoufler par
trop ses voilles de discours, ny d'apparence: car ce sont traicts par fois iettez
à desseing pour s'affermir du doubte
que bien souuent on s'imprime , &
d'autant en asseurer sa croyance : la
science du pilote est à escheuer &fran-
chir industrieusement les bancs qui
souuent sont plantez dans vn canal
pour essay, & de là tirer preuue de son
addresse & suffisance sa nauigatiō : Il
faut de mesmes à si rudes attaques op-
poser le bastion du iugement & con-
trebatre par les canons de la discretion : mais bien abbatre ceste furieuse
attacque : ce sont sondes ausquelles
tout homme d'esprit doit preuoir, & à
besoing de pourueoir: sondes d'autant
plus d'angereuses , que moings elles
sont communes.

D'autres plus accorts , chante-
ront poüilles , apporteront du mespris , pour oster toute impression
qu'on pourroit prendre de la verité:
que la mesme discretion donc s'y
garde , pour en sortir auec heur: mais

que pour tout cela , on n'en quicte
point la pourſuitte , qu'on y roidiſſe
ſes nerfs,& qu'au milieu de ſes broüil-
lars, on ſ'aduance l'vn à l'autre la lumiere : que toutes ſes oreilles n'em-
peſchent point vos diſcours : les lettres hieroglifiques vous ſont à cet effect : les demonſtrations des aſtrono-
mes vous y ſeruent , le mouuement
des doigts, comme organiſtes vous y
aſſortent , & le preſſement du pied
(lien le plus ſeur & ſecret , dont on
puiſſe lier les ames) ny manquent
point : rien n'eſt difficile à ceſt art ; car
l'amour ſeul a honte de cognoiſtre le
nom de difficulté : tout ploye ſans re-
ſiſtance, & le deſtin qui domine ſur
tout, n'a point ordonné au monde de
victorieux pour ceſtuy-cy.

Les yeux, qui ſont les meſſagers du
cœur & feneſtres de l'ame ne ſeront
point mal de la partie : chacun d'eux en
ſa function apportera tous les plus
ſubtils artifices & artificieuſes ſubtilitez dont ils pourront s'imaginer
pour bien repreſenter ſon perſonnage : toute embuſche pour couuer-

te qu'elle foit , eſt ouuerte à noz
chãpions de luicte, l'ayant recognuë,
ils y donnent viuement la chaſſe:apres
ſous la lueur de ſi bel aſtre, on ſçaura
deſcocher vn des traicts des plus pi-
quans de ceſte mignarde veine : alors
le braue Adonis luy reſpõdra des yeux
luy teſmoignant & ſa langueur & ſon
martyre : les yeux feront l'office de la
langue, par les yeux il oyra, par les
yeux il reſpondra : & ſon diuin eſprit
ſe voulant faire voir ne ſçaura ſe reue-
ſtir plus à propos que d'vn rayon de
ces beaux luminaires comme approchant plus pres de la diuinité : bref les
yeux feront la retraicte, & ſeruiront
de refuge à ſon ame.

Mais garde à faire ô mon braue
Apollon, comme ſes ieunes cheuaux,
qui bondiſſans entrainent quand &
ſoy quelques fois l'Eſcuyer ſans pouuoir les arreſter : il fault que la raiſon
nous maiſtriſe : que la conſideration
de noſtre felicité nous ſerue de mors
& capeçon: & que l'eſperance de ſi riche conqueſte nous conduiſe : il faut
preuoir ce qu'on doibt faire : mediter
ſes diſcours:& les rẽdre ſi ſouples à la

raiſon. Qu'en fin ils ſoiĕt la raiſõ meſmes : que ſi ceſt eſperon nous ſerre de
trop pres : haſtons-nous, & courons la
carriere ſi viſte, que nous ſoyons pluſtoſt aux termes de la gloire, que les
yeux des ſpectateurs au bout de la lice :
il fault que le coup precede le bruict :
qu'on ait donné pluſtoſt au blanc que
laſché la fleſche : Sinon que les yeux
d'vn chacun ſoient ſi affectueuſement
occupez à autres choſes qu'ĕ celles-cy
ils en ayent perdu la memoire:comme
au ieu où la paſſion de l'ame eſt attĕ-
tiue: aux liures, à l'ouurage : alors on
peut s'approcher, le chocq ſe fait doucement : on tire facilement raiſon de
l'offence des aſtres: le Ciel retire ſes rigueurs : Amour cõtribuë ſes armes, &
la felicité arreſte & guariſt les playes :
car en ſes bõnes affaires que ie propoſe
les affections parlent, les ennuis s'eſ-
uanoüiſſent : & ſes ames au plus fort
s'engagent : l'heur dreſſe le contract
pour aſſeurance de ſi doux lien:le ſang
des deux parties l'approuue : & le Ciel
le ratifie : & les portant de tant de peines dãs les doux feux d'vne ioüiſſance

parfaicte leur rend auec interest ce
qu'ils auoient presté à leur disgrace.

Qui pourroit icy descrire la felicité
de ces amans ? c'est chose de si haute
lice qu'elle ne se peult attaindre que
du Ciel: & nous ny pouuons cótribuer
que nos vœux , auec le silence: leur
ioye est si grande qui les remet hors
de soy : Mon Dieu que de delices ! ils
sont si rauis d'aise qu'ils ne pensent pl⁹
entrer chez eux: & aussi qui souhaite-
ront desloger des Cieux pour s'habiter
en terre : les vœux redoublent vers
Cupidon: ils commencent soubs la faueur à leurs amitiez: se representent la
mesme corde, & sont si audacieux que
dire les Dieux , ny les Cieux n'estre
capables à rompre ce lien, ie vois tous
les traits d'amour aux attraits de ceste
belle Nymphe: traits qui fauçant le
corps forcent les cœurs & la vie de
ceux qu'ils veulent attaindre d'vn seul
traict d'œil: ie recognois toutes passions, à la passion de cest Amant : &
toutes les impatiences en l'impatience de ceste Dame: ie les vois bandez
des yeux les vns aux autres , & com-

me affamez deuorer les doux regards:
l'vn meurt de ioye que ces vœux
foient receus : l'autre trefpaffe de
lieffe de les auoir receus:l'vn contemple à fouhait les beautez de fa Dame:
elle fe mire dans les graces de fon ef-
claue : il ne peult fe faouler des merites de fa parfaite : elle ne peut partir
de la perfection de fon vnique : il ob-
iecte à fes yeux les traicts du vifage de
fa belle : elle ne reiette point ny la façon, ny les actions de fon braue : il fe
delecte de plaire à fon vainqueur : elle
ne fe plaift qu'en fon vaincu qui la
vainq' elle mefmes : il ne fe defplaift
que pour plaire à fon ame , elle ne fe
plaift que pour ne luy defplaire. Heureux Amants! i'enuie certes vos vies:
mais ne craignez vous point que la
profperité, defbande voftre profperité : & que la mauuaife fortune rompe
voftre bonne fortune : Non, non, ne
doutez point qu'elle face des marches
fur fa bonté pour vous ruiner, pourueu que vous fuyuiez les fornes que
ie vais vous dire.

Pour fe donner donc tous deux

tant d'heur, & continuer d'auantage,
ne sera point mal aisé qu'emprunter
des noms particuliers : Comme de
Roys, & Roynes, des Princes ou Prin-
cesses: quelquefois de personnes pri-
uées: voire des astres, du Soleil, de la
Lune & autres : & soubs les fortunes
proposées , communiquer secrettement leurs desirs & leurs affections:
leur contentement alors est parfaict,
quel plaisir est luy dire toutes les conceptions de ses esprits : ioüer à repar-
tir à qui plus l'vn à l'autre: chacun dict
librement le mot sur le subject appo-
sté, & apportent les mesmes termes
ou les mesmes mots cõme les amoureux caracteres font entre-respondre
discrettemét leurs flammes: On peult
aussi fort commodement susciter vne
histoire, & rapportant en dialogue, dire à l'amante ce qui peult seruir à la
cause , introduira apres l'amant aux
reparties : & ainsi laisser le sens à l'histoire, & faire cas de la lettre pour
l'appliquer à son intelligence : & me
souuient den auoir veu de qui le iugement estoit si inuentif, & dont l'inuention

uention estoit si ingenieuse, que trouuant y m̃ liure ou des heures par fortune à vne compagnie, ils se faisoient lire
leurs desseins l'vn à l'autre : prenant
assignations au dictamen d'Amour,
sans encre, sans papier, sans mercur,
au milieu de ceste troupe : & qui plus
est chacun prenant apres eux le liure
lisoit les mesmes mots sans s'en ap-
perceuoir : vne fois entre autres, estant
à la Cour à vne fort belle assemblée,
de belles Dames, ie vis donner des assignations en ioüant à prime, le gentil-homme qui certes estoit gentil : &
fort galand commence à dire : La Dame aux fleurs : la Dame luy repart : &
viste venez au poinct : & encor ailleurs
ioüant à l'homme, i'en vis vne plus accorte par cas fortuit son seruiteur luy
bailla mauuais ieu : & bien vous le
voulez (luy dict-elle) ie feray la beste,
entendant que ce feroit dans vne Es-
cuyeries qu'elle se feroit frotter : mais
le plus subtil d'ont ie m'aduisay iamais, fust en remuant des cartes : ie
gagneray, dit-vne à vn sien grand amy
qui preschoit ses valeurs : d'autres ont

E

chiffres la dessus , autres termes communs & fort propres: en la mesme sorte on pourra fort propremēt escrire à Mōsieur , & auec industrie parler à luy d'affaires , & dire & parler d'amour sous telles parolles à Madame: ce sont secrets de beaucoup plus admirables que toutes les badineries qu'on tient de l'alun de plume, de l'ambre gris, du sang de rubetes, ny mesmes le sel Ammoniac destrempé dans l'eau à couurir l'escripture : Ceste voye ne manque point l'on y va librement & la trouue-ie plus aisée & accompaignée de plus de seureté, qu'escrire billets, enuoyer poulets dans vn bastōn creux, dans des pastez , dans des boüetes de dragées , voire dans des dragees mesmes , dans vn boucquet, dans vn œillet, ou les repasser de soye & les appliquer en boutons au porteur, qu'est vne inuention bien seure & bien gallante: ou bien dans des roseaux : les escrire sur son bras : pour la teste rase ie ne l'appreuue pas, parce que ostant le chappeau on pourroit descouurir le mistere: mais bié les tirer auec vne fle-

che dans la chambre , dans ve jardin:
les ietter dans la caue:les repofer à l'E-
glife fur l'agenoüilloir,les mettre dans
vn cierge,dans des pommes de cire:ou
bien plus feure & plus admirable de
mettre dans en vne pierre (fecret affez
caché & difficile (les faire bailler par
des nouices à l'offertoire : on peult encores le donner dans vn manchon &
fort propremēt:le gliffer gaillardemēt
dans vn gand , deuifant du pris de la
beauté de l'vn , ou parfum de l'autre:
dans la mātoniere d'vn mafque: encores l'efcrire fur vne carte, & le bailler
en ieu , ce qu'a efté fait par vn bel efprit n'a pas long temps en cefte ville:
& bref en plufieurs autres fortes que
l'amour vous fuggere aux occurren-
ces pour d'autant plus faciliter noftre entreprinfe,& la porter à fin heu-
reufe : il eft bien vray que l'amante
qui les reçoit , doibt eftre experte,
f'en reffouuenir & apporter beaucoup d'eftude à les bien conferuer :
de luy prefcrire les formes : fi ce
fera pres les tetins , dans fa manche,

ou ailleurs : ie n'oſerois faire ceſte offence à la ſabtilité de leurs beaux eſprits : elles ſont aſſez braues & trop
habilles pour ſe garder de ſurpriſe:
tant y a (& c'eſt auec permiſſion mes
Dames) que ie ne ſuis pas d'aduis les
ſerrer dans la pochette, ſi ce n'eſt qu'il
y en euſt vne deſtinée à ce ſeul effect:
parce que bien ſouuent en tirant vos
gands, le mouchoir, ou autres choſes, il vous pourroit tomber, & par ce
moyen mettre en diſpute voſtre honneur, & en peine voſtre fidelle: c'eſt à
vous: & bref il s'inuente mille moyẽs
& ſe moyenne mille inuentions pour
ſe donner quelque temps de leurs pre-
ſences & cüeillir le fruict de ſi penible
& perilleux trauail.

Pour les voiſins on peut accortement les tromper, ſi on ſe diſtraict
quelque heure de l'amante: ſi l'habitude d'aller chez elle eſt interrompu, &
diſcontinué, ou bien ſi par fois on fau-
ce l'aſſignation: ſi ce n'eſt que la voye
ſoit tellement couuerte qu'on n'y
puiſſe entrer en mauuaiſe opinion, ou
quel'accointance ſoubs quelque beau

pretexte rende les actions moins fou-
pçonneuses: il n'eft rien plus expediét
que d'y voir clair, ne s'efberluer iamais en fes propres affaires, & conduire auec le timon du iugement le vaif-
feau de fes paffions felon la qualité des
phares : car le plus fouuent aduient,
qu'on y eft trompé: c'eft pourquoy fi
l'on veut gauchir au naufrage, prendre
port pour faire rafraichir les gens en
toute feureté, & r'habiller fes fuftes, il
faut auoir vn couuert pour s'abrier,
noter le temps que les aftres fe cou-
urent: que les noirs rideaux de la nuiét
font tirez, & les tirant à des extremi-
tez garder la defcouuerte: il y en a toutesfois beaucoup qui fe laiffent conduire au vent de leurs paffions, dont
les refolutions font irreuocables, &
fans preuoir ny pouruoir au danger
qui les menace, trauerferont par cent
fois le iour mefmes cofte, tant que les
gardes des ennemis qui font aux a-
guets les ayent defcouuerts ; mais à
ceux là bien fouuent il aduient que
fur la coniecture de ce deffein l'ennemy faict effort fur leurs forces : les

force & met du tout à bas : C'eſt adõc qu'on laſche la bonde aux larmes : que l'air eſt rempli de regrets , c'eſt lors qu'eſtalant ſes infortunes au public boiuent au hanap d'amertume, & debitent à pris ouuert & bien haut ſon infamie.

C'eſt là que l'imprudence de ſes paſſions, ouure la porte aux dolean-ces : & que le Ciel, la fortune, & le deſtin ſont accuſez par trop de cruauté vouloir ſi toſt obſcurcir le plaiſir du iour naiſſant par l'interpoſition de ce deſaſtre : les pierres s'eſmeuuent de ces larmes : les rochers ſentent la douleur de ces peines : & les vents les plus ſourds eſcoutẽt leur plainctes. Helas ! diront-ils ſeray-ie donc rendu par le Ciel butin de tous les plus cruels deſaſtres : le plus desfauory des hõmes eſtes vous donc reſolus à ma perte , ô Dieux : ſi tel eſt voſtre arreſt , cele-ſte auquel nul ne peut reſiſter , ny l'arreſter pourquoy n'aduancez vous le cours de mes mal-heureuſes deſti-nées : ſera-ce ſans pitié que ie traine-ray ma vie : Ha ! ie voy bien que la

miſere des hommes n'aiſt pluſtoſt de
leur faute, que du courroux des
Cieux: vous aurois-ie point offencé, ó
diuinitez celeſtes! que ie ſois maintenant ſi auſterement puny. Helas, toute ma vie fuſt à voſtre ſeruice: Et donc
pourquoy n'arreſtez-vous les coups
de vos foudres : falloit-il ſi fort
rire à ma naiſſance, pour me traicter
au plus clair iour de ma vie auec tant
de rigueur : falloit-il meſler auec
tant de faueurs, pour me perdre en
elles ; falloit-il me donner tant de
bien, pour me rendre apres ſi miſe-
rable : au moins-ſi, voſtre main ne
ſe fuſt, ſi fort appeſantie ſur mes eſpaules : aquoy tant de belles parolles dont vous m'auiez prouueu que
pour eſtre naïues; Aquoy tant de grace, & de façon dont vous m'auiez
creé, que pour eſtre ma perte : a-
quoy tant de peines dont i'eſtois deſtiné, que pour eſtre inutile, & me cau-
ſen du trouble: ſera-ce moy que vous
aurés mis en butte à vos ſagettes, ſe-
grettes, teinctes de fiel & de douleur:
ſera-ce moy qui ſera l'amorce de vo-

stre feu: sera-ce moy qui sera l'object
de vostre vengeance? & l'allumette
de vostre ire: il faut donc que le desespoir n'ait autres bornes que celles de
ma ruine: il faut donc: helas! qu'au
bout d'vne si longue route, vne bor-
rasque de temps, paye tout à coup,
toutes mes peines: il fault donc que
i'immole ma vie au regret: ha! me
voudriez vous perdre? vous m'auez
faict de vos mains: & l'ouurier ne perd
pas volontiers son œuure: il fault dōc,
ô douleur! mourir: il faut vous laisser:
ô beaux luminaires: Et en ayant en
memoire la maistresse, s'escrieront:
Vous verray-ie donc plus beaux yeux
qu'auez si souuent offert des delicieu-
ses idées à mon ame: helas! ie vous
quite: mais c'est pour vous que ie
quite le monde, voyla l'effect de vos
cruautez, effect de mon mal-heur:
voila la cause de voz desdains: cause
de ma douleur: voila le sujet de vos
rigueurs, subject de ma mort: Mais
c'est à tort que i'accuse Madame: c'est
le malheur qui en veut à moy: & bien
puis que tout s'oppose à mon-heur, ie

yeux cedder au destin ; ie m'en iray,
vous serez satisfaite, & vos yeux n'auront plus d'objects si difficilles, il faut
mourir.

Mais las ie vis encore ! ô cruauté in-
ouye ! ie vis, seray-ie donc ruiné de toy
que ie estimois mon autel de franchise:
aurois-tu le vouloir que ie fusse perdu
par toy, que ie pensois le seul & seur
remede à mes peines: ha cruelle ! vou-
drois-tu à present en cela m'estre humaine que me faire cognoistre le subject autrefois de mon plaisir, maintenant de mes douleurs: ie vis pourtant
& ma vie est odieuse à moy-mesmes:
& quel plus grand malheur se peut-il
trouuer que la vie d'vn miserable, où
sont mes termes : il faut que le desespoir soit mon salut, puis que la seule
esperance est ma perte. Mourons, mourons, il ne faut plus faire reserue de ma
vie, puisque la lumiere qui l'admiroit
est estaincte: aussi faut-il payer le tribut à la parque. Adieu belle lumiere, il
faut te quiter: Adieu.

A tort certes, ô Amant ! tu accuse
ta Dame, accuse, accuse ton indiscte-

tion : car si elle est telle que ie la veux
depaindre, sage, modeste, accorte, si
tu perds sa presence par cent mil douleurs, elle accompaignera ton absence
par dix mil regrets: si tu trauailles de la
perdre, elle moura de peur de te perdre: si tu pais tes yeux de son bel image: elle perdra l'imagination de ton i-
mage: si tu attaques les Cieux par cent
mille cruelles imprecations: elle te recommande aux Dieux par cent mil
fausses precations: que si tu perds sa
veuë: las ! elle y perd & la veuë, & la
vie ; c'est en cela qu'il faut sçauoir se
conduire & imiter les autres plus ex-
perimentez qui conseruent leurs desseings entiers, & euitant les escueils,
s'emmarent en temps propre : & fort
rarement que par passades ancrent ils
à terre pour cōseruer touiours entiere
leur bōne fortune, desirant mener yne
yie qui dure ; voire leur humeur bien
souuent les portent à cela qu'ils aimet
mieux n'approcher point qu'approcher pour estre veuz, c'est en quoy gist
la science du pirate, se cantóner sur vn
passage à couuert attendant sa prise:

que s'il tant ſoit peu s'en deſtourne,
côbien eſt il fruſtré de ſon attente : le
meilleur ſoit donc qu'en approchant
on s'eſloigne, & la voyant en tirer ſa
veuë.

Mais ce n'eſt rien qu'abuſer ceux
cy, ſi de meſme coup on ne trompe le
peuple : pour donc y paruenir, l'exemple du chef d'armée ny ſera en rien
nuiſible : ce grãd Capitaine pour oſter
le ſoupçon d'vne entrepriſe qu'il
voudra exploicter ſur vne place forte
ſ'en eſloignant, fera quelque effort
ſur vne autre moings forte, mettra des
coureurs és enuirons, l'aſſiegera &
menera le canon pour la ruiner, o-
ſtant par ce moyen les douteuſes im-
preſſions, & faiſant iuger au monde l'effect conſiſtera en l'apparence :
& ce à fin qu'il aye moyen la garnir
des ſoldats à ſa deffence, & en deſ-
peupler l'autre : il faut de meſmes
qu'vn amoureux ſerue vne Dame
dont le bruit ne puiſſe preiudicier à
ſes premieres amours : & apporter
tout ce qu'il ſe peut pour faire croire
ceſte feinte : ou bien, & plus accorte-

ment auoir deux maistresses, l'vne
pour le peuple, l'autre pour soy : il s'e-
studiera à courtiser celle-cy pour seruir de couuerture à l'autre : il chantera
ses perfections, l'appellera l'image de
son ame, luy escrira poulets? donnera
aubades, s'y rendra fort subject, & s'y
comportera auec tant de familiarité
qu'elle mesmes croye l'auoir soubs
son empire : & le tienne pour vray captif : alors le peuple dont les opinions
suiuent le cours de l'eau iuge l'irrision
pour l'acte, & sans percer plus à iour
s'imagine l'ombre pour le corps : &
comme l'encre vne fois employée sur
le papier ne se peut facilement oster
sans interesser la carte : ils penseroient
offencer leur esprit ayant des-ia prins
vne opinion, là conuertir en l'imagination d'vne autre, tellement que
quand bien on verroit plus clair en
ses actions, ils n'oseroient le croire,
ny ayant rien plus seur au monde, ny
qui opere d'auantage que la premiere
poincte.

Il est vray que ceste feincte ressem-
blance ombrage quelque-fois l'affe-

ction de la premiere maistresse, tellemét que là vn amant se pourroit trouuer en esmoy, & fascherie extreme au
moyen de la ialousie, qui pourroit gagner sur ses volontez le mespris : &
causer des haines, au lieu d'Amour: ce
sont enfans de ceste importune mere,
dont l'vn ne peut s'effacer par toutes
les iniures du mõde, n'y l'autre esteindre par tous les seruices de la terre:
mais il faut y apporter quand &quand
du remede, & faire que ce seul soupçon de crime ne suffoque point la memoire de tant de fidelité: ny que la
vertu puisse perir par le venin de la ialousie: c'est de choisir vne Dame qui
ne soit point des plus belles : qu'elle
n'ait toute la belle façon du monde,&
que les deffauts soient si euidens que
tout soupçon soit hors de croyance.

Et ne seruent en rien les considerations vulgaires, que le iugement d'vn
homme se cognoist au chois de ses affections , car pourueu que ce soient
nos affaires, dequoy nous soucie-il si
on parle de nous: les gens de iugement
cognoistront quand & quand que

c'eſt feinte, & vous prendront' pour
tres-habilles hommes : Non que ie
luy conſeille d'en choiſir vne ſi diffor-
me, qu'il ſemble que nature l'ait mis
au monde par deſpit : ce ſeroit trop e-
uidemmét ſe mocquer des ames: mais
bien de beaucoup inferieure en grace,
en beauté, en iugement, en diſcours :
& en ſçauoir à ſa Dame.

Vn ſecret admirable, entre les plus
courtiſans , & qui plus font eſtat de
viure ſous les loix de l'amour, auſquels
ils ſont non ſeulement bien apprins:
mais nez, c'eſt de les choiſir s'il ſe peult
en meſme ruë : ou pour le moins que
ils ne ſoient guieres loing l'vne de
l'autre, & qu'on puiſſe auoir de toutes
deux la veuë libre , ou qu'elles ſoient
le plus ſouuent enſemble, par ce moyé
eſtant pres de l'vne il ſera auec l'autre:
& ſi celuy qui a entreprins tel affaire a du iugement (comme en ſembla-
ble il en eſt requis & beaucoup) il
preſſera le pied de l'vne parlant à l'autre: ſorte que ce qu'il ſemble ſe departir à celle là, ſera à celle cy : & ce
qu'eſt à deux, ſoit à vne, vne meſme af-

fection qu'il representera à vn mesme
seruice qu'il offrira, & vne mesme beauté qu'il vãtera: & n'importe addres-
ser ses loüanges à vne laide si semble,
car c'est à vostre maistresse à qui vous
le dictes non à d'autre : & d'ailleurs tel
est le naturel des femes, qu'ores qu'elles soient, extrememerit laides, prendre neãtmoings plaisir qu'on les pres-
che pour belles : ayant ceste bonne o-
pinion d'elles mesmes. Et vous puis-ie
asseurer pour le seul effect auoir esté
prisé des Dames, plus que mes merites
ne pouuoient porter : entre autres
d'vne, que pour luy auoir ancré ceste
bonne opinion en l'ame, ne portoit
presque iamais de miroüer, se consul-
tant sur cest affaire: & bien qu'elle fust
le mirouër mesmes de laideur, si se te-
noit-elle tres-forte de ses graces : tantost elle employoit les heures à se farder, puis à se frisotter les cheueux, enquoy sans mentir elle estoit merueilleusement heureuse : tantost à les
saupoudrer, & estoit si bonne mesna-
gere que tout son aage se dependoit à
se mignoter. Ie vous laisse à iuger si

i'approuuois ces belles qualitez, dont
le lustre faisoit tant d'effort en mon
ame : elle estoit pourtant à son aduis mon miroir, ou bien mon ame,
qui fust cause que pour moy elle res-
piroit quelque bien-veillance : mais
le sang nous saperoit nos croyances,
& nos loix inegales nous esloignent
l'vn de l'autre : & d'ailleurs mon cœur
desirant chose plus haute ne voulit iamais lier le fil de sa bonne fortune au
cep de ceste felicité : c'est en quoy on
peut dire qu'il y a du destin en Amour,
toutesfois à veoir la façon des Dames
il ne se peut croire : car puis que le destin vous contraint à aimer, pourquoy
est-ce qu'elles s'atiffent de tant de mignardises, soyons asseurez que tous artifices faillēt quād l'amour n'y cōsent
point : & que c'est luy seul qui nous
guide, nous mine, & conduit par
tout.

Se seront donc les moyens que tout
homme de iugement doit tenir pour
se rēdre propice l'Amour : que si quelque impatient trouue trop de difficulté à ceste conqueste : & qu'il y
vueille

vueille vſer des meſmes prerogatiues, que ſur les veufues, qu'il croye dés à ceſt' heure en eſtre indigne : c'eſt des cōbats qu'on r'apporte la palme eſtāt la difficulté la mere des merueilles: cōbien heureux ſe iugera-il d'auoir en plein midy obſcurcy la terre de tenebres par ſes ſubtilitez, quelle gloire acquerra-il ayant mis ſoubs ſes pieds toutes trauerſes : la vertu n'eſt iamais moins priſée que quand l'accez eſt facile: c'eſt pourquoy les anciens jaloux de la grandeur de ſon authorité, l'ont remiſe ſur le cime d'vne montagne, ceinte de dix mil ronces & precipices: la couronne attend là les courageux & n'eſt point pour ceux qui ſōt gouteux de la main, ains qui enfoncent bien auant la carriere au bout de laquelle la gloire les arreſte, c'eſt des trauerſes qu'elle prend luſtre: Ainſi l'amour ne produict en nous aucune volupté, ſi elle n'eſt combatuë d'vne infinité de difficultez: qu'on iette l'œil ſur ce grād Empereur, il ne s'abſente iamais plus content de ſa Dame que lors qu'elle luy a donné du pire: qu'on aduiſe aux

E

choses materielles : le suc du raisin
n'est iamais meilleur que lors qu'il a
passé sous le pressoir : Diray-ie les autres effects de l'Amour ? ie voudrois
estre si heureusement partagé des graces du Ciel que ie peusse dignement
le reprepenter.

Courage donc : c'est assez auoir con-
senti à ses voluptez : c'est assés auoir
prins ses aises : Roidissons nous à si dures attaintes : soustenons courageu-
semēt ces assauts de fortune : elle préd
ce droit pour nous auoir à l'essay : rom-
pons ces escadrons, escartons ses fu-
ries : Amour est aux mains & triomphe des-ia de ces despoüilles : serions
nous si couards que quitter la victoi-
re, il la poursuit, courons , courons
apres : trauersons ses obstacles : voyla
la coste qui commence à paroistre : la
mer peu à peu se derobe : que de belles marques d'vn port fameux & cele-
bre , combien de nauires à l'ancre :
combien d'autres flottent en seureté :
c'est l'honneur qui nous tend ses bras :
il nous appelle de la main & de la
voix : aduançons nous à luy : il faut

saluër des cris d'allegreſſe ce ſainct
haure : doublons noz forces pour y
pouſſer plus auant noſtre vaiſſeau,
c'eſt là où nous pourrons flotter en
toutes ſeureté, c'eſt là où eſt le but de
nos eſperances, c'eſt là où eſt le bien
de noſtre fortune : heureux y ſerons
nous donc : mais, ô Dieux, conſer-
uez nous le iour de ces contentemens :
faictes nous iouïr longuement de ſes
delices.

Voyla les raiſons pour leſquelles
i'ay oſé vous dire : l'Amour de la femme mariée, r'emporter le pris ſur les
filles & les veufues : voire voudrois-
je dire celle-cy n'eſtre proprement
Amour, puis que le point y manque :
que ſi elles ſont de tel alloy qu'elles
puiſſent trouuer cours parmy vos
beaux eſprits, i'ay fait ce que ie deſirois
ſi par contraire ie n'ay peu m'en acquiter mieux : les occupations auſquelles
ie ſuis d'ordinaire m'y dõnerõt excuſe.

Ie ſçay bien qu'il ne ſort rien au
iour aggreable à tout le monde : ie me
ferois tort d'eſperer que ce diſcours
euſt en cela meilleure fortune que

beaucoup d'autres : ie ne m'en pene
auſſi pas beaucoup, c'eſt pour mes a-
mis que ie l'ay fait & pourueu qu'il
leur teſmoigne combien ie ſuis ſtu-
dieux à leur ſeruice ie m'en contente:
tant y a que ie ſuis touſiours de meſme
opinion, preſt à le ſouſtenir iuſques à
tant que quelqu'vn m'ait dict la meilleure : i'euſſe confirmé ce mien dire
par trois hiſtoires non moins belles
que recentes que ie viens recueillir de
Prouēce: pays fertile en beaux eſprits,
& belles Dames dont les vertus ſeruēt
de gloire à la terre: mais c'euſt eſté par
trop importuner voz occupatiōs:
nous y ferons donc trefue, attendant
au premier iour vous en faire la monſtre: ce pendant i'attendray vos iuge-
ments ſur ce petit labeur, & verray
cōme vn Policlete derriere ce tableau
le pinceau & le ciſeau encor en main
preſt à y reformer tout ce qu'vn plus
delié eſprit y trouuera & redire, combien ce diſcours vous aura eſté aggreable.

Sei piacè ei licè.

DIALOGVE

DE,
L'ARETIN,

Où sont desduites les Vies, Mœurs, &
desportemens de Laïs, & Lamia
Courtisanes de Rome.

Traduit d'Italien en François.

ARGVMENT
DV DIALOGVE
traictant les vies des Courtisanes de Rome.

AIS, & L A M I A grandes amies en leur ieuneſſe, pour eſtre toutes deux natifues de la ville de Bologne la graſſe où elles auoient auſſi eſté nourries & faict leur reſidence iuſques au temps que le camp de l'Empereur, Charles le Quint s'y vint rendre, pour l'eſperance qu'on auoit qu'il y deuoit eſtre couronné, ſe ſçeurent ſi bien entretenir que L A I S eut ceſt heur qu'vn Port-enſeigne Allemant, logé en

la maiſon de ſa mere s'amouracha
d'elle, & la tint pour amie tant & ſi
long temps que la Maieſté Imperial-
le feit ſeiour en la ville. De là aduint
que quand la Cour ſe voulut partir
elle reſolut de le ſuiure en Hõgrie, où
l'armée de l'Empereur tiroit, àfin de
reſiſter au Turc qui deſcendoit à grãd
puiſſance ſur la ville de Vienne, en
Autriche : mais comme elle fuſt laſſe
de ceſt Allemant, ſe ioignit à vn Capitaine Italien, qui la pourmena à
Ancone, à Cõron & en autres diuer-
ſes places, ſi qu'ennuyée de ſuiure la
guerre voulut repoſer à Rome auec ſa
mere, qui point ne l'abãdõna en toutes ſes aduentures: Vray eſt qu'ayant
demeuré quatre années en ce repos,
aduint en la maiſon quelque querelle
entre certains perſonnages Romains,
dont elle fut chargée, à l'occaſion dequoy elle partit de Rome & s'en vint
en Lombardie, où elle paſſa bonne
partie

partie de sa vie. Cependant Lamia
qui auoit voyagé en autres & semblables pelerinages, & laquelle aussi
bien que Laïs se monstroit fort aagée
passant par la marque d'Ancone, se
vindrent à recognoistre, si qu'apres
s'estre par plusieurs fois embrassées,
se mirent à repos : pour ce que Lamia
estoit fort debile, comme celle qui nagueres estoit sortie du pays de Surie,
où elle auoit beu maints traits d'eaüe
distilée de ce sain Gaiac. En ce lieu cō-
mancerent à compter de leurs aduentures tant bonnes que mauuaises:
mais Laïs auoit plus voyagé par l'v-
niuers, aussi feit-elle plus long recit
de sa vie à Lamia, qui finalement
lassée d'escouter, print congé, & deslors finirent leurs propos.

G

DIALOGVE DE L'ARRETIN,

Où sont desduites les Vies, Mœurs, & desportemens de Laïs, & Lamia Courtisanes de Rome.

Traduit d'Italien en François.

LAMIA.

IE te prie conte moy Laïs, comme tu arriuas à Rome auec ta mere?

Laïs. A bonne heure en soit le cōmencement. Nous y arriuasmes la veille de sainct Pierre: & qui te pourroit dire le grand plaisir que nous eusmes de voir les esclairs, tant de flambeaux, de fusées, & boutefeux qu'on lançoit du Chasteau sainct An-ge, accōpagnez de si grand bruit d'Ar-

tillerie, & tant de musique, de menes-
triers, de phiffres, que merueilles! On
voyoit quasi toute Rome assemblée
sur le pont, au bourg, & en la ruë des
Bancs.

Lamia. Où fus tu loger ceste nuict?

Lais. A la tour de None, qui est vn
quartier de la ville ainsi appellé, en vne
hostellerie où nous fut baillé vne châ-
bre toute tapissée & bien en ordre, en
laquelle nous demeurasmes par l'espace de huit iours. La Dame du logis
durant ce temps estoit esmerueillée de
voir en moy tant de beauté: tellement
que de iour en iour luy semblant plus
gracieuse, elle parla de moy à vn Courtisan son amy, luy faisant entendre
qu'elle auoit en sa maison vne hostesse
belle par excellence. Ce Courtisan feit
part de ceste nouuelle à autres siens a-
mis, qui tous ensemble passoient &
repassoient à cheual cent fois le iour
deuãt ce mié logis, tenãs leurs propos
de moy, ennuyés que ie ne me lais-
sois voir à leur poste me tenant coye
en ceste ialousie: ayant tousiours la
face gaillarde & riante, & leur faisant

par mes communs attraits vn extreme defir de me cognoiftre. Et combien que ie fuffe belle, fi eft-ce que ie
me tenois referrée à merueilles (fans
me monftrer ny faire paroiftre) qui
faifoit m'eftimer encor beaucoup
plus exquife en beauté : au moyen dequoy s'augmenta de plus en plus en
ces gentils-hommes Romains l'affection de me voir, tellement que par
toute la ville de Rome, on ne parloit
que d'vne eftrangere nouuellement
venuë : attendu (comme tu fçais) que
les chofes nouuelles font toufiours
plus defirées. Ainfi venoient en telle
abondance, que la bonne matrone qui
nous logeoit , ne pouuoit fournir à
refpondre. Le plus fouuét elle les laif-
foit dire, & quant à ce qu'il luy pro-
mettoient pour leur ouurir la porte,
ne s'en foucioit autrement, difant que
de me mettre en leurs mains, n'eftoit
chofe qu'elle peut promettre : Ma
mere d'autre part qui eftoit bien ad-
uifée & des plus fines en telles affaires,
faifoit femblant ne vouloir prefter l'o-
reille à aucun de ces pourfuiuans : ains

d'vne mine asseurée proferoit ces
paroles : Vrayement c'est bien rencontré, ie me repais bien de tels propos ! Ia à Dieu ne plaise que ma fille
perde la couronne de virginité: ie suis
yssue de trop bonne maison, & si la
fortune nous a esté contraire (graces
à Dieu) elle ne vous a point si fort à
baissées que ne puissions viure & es-
chapper le mauuais temps. Par ces parolles s'accroissoient de iour à autre le
renom de ma beauté. Si tu vis iamais
vn passereau assis sur vne grenade en-
tamée, pour en manger neuf ou dix
grains, puis (prenant son vol) y retourner auec quatre autres, puis auec
dix : De ceste mesme maniere se pre-
sentoient ces Courtisans à l'entour
de mon logis, desireux becqueter ma
pomade: qui faisoit, que ie ne me pouuois ennuyer de voir tant de gentillesse. Aussi i'auois continuellement
les yeux au guet, prenant vn singu-
lier plaisir de les voir si braues & mignons auec leurs sayons de satin, ou
veleurs que ie ne mente, tant de me-
dalles & cloux d'or à leurs bonnets,

chaines d'or entour du col : autres montez ſur des cheuaux ſi polis que meruelles. Ainſi marchoient le petit pas ſuiuis de bon nombre de pages, & ſeruiteurs tenans le cerueau à la pointe du pied, & leurs Petrarques és mains, degoiſans maintes chanſons de ce Poëte, en voix de faucet.

Lamia. Et cete chanſon (s'il t'en ſouuient) que vouloit-elle dire?

Lais.

Pour le mal qu'en aymant ie ſouffre
Ie ne veux traittement meilleur,
Que voir vn iour mon triſte cœur
Captif de celle à qui ie l'offre.

Ainſi que les vns & les autres s'arreſtoient deuant ma feneſtre, ie faiſois ſemblant de touſſir, àfin qu'ils m'entendiſſent, & alors me diſoient: Madamoiſelle eſt-il poſſible que voſtre grace ſe monſtre tant homicide, qu'elle laiſſe mourir en ces alteres ſi bon nombre de ſes ſeruiteurs? A ces propos ie preſentoy le viſage, puis d'vn ſous-ris à demy bouche, me

retirois tout à coup, occasion qu'il me
disoient. Ie baise la main à voftre Seigneurie. Puis auec vn, *Par Dieu vous
estes cruelle !* se departoient de cefte
forte.

Lamia. Vrayement i'entens ce iour-
d'huy la chofe plus àmõ gouft qu'oncques ay ouy.

Lais. Sus ces entrefaites ma mere
qui n'eftoit des plus niaifes trouua bõ
de me faire faire mõftre. A ces fins me
feit veftir d'vne robbe de fatin violet,
fans manche, dechiquetée d'vne infinité de decoupures, puis cueillit & en-
tortilla mignonnement mes cheueux
à l'entour de ma tefte, tellement que fi
tu l'euffent veus , tu euffes aifément
iuré qu'ils n'eftoient miens naturels,
ains pluftoft de fil d'or crefpelu.

Lamia. Pourquoy eftoit cefte robbe fans manches?

Lais. Pour mieux mettre les bras en
veuë mes bras dif-ie qui eftoient plus
blancs que neige. Puis me feit lauer
le vifage d'vne eau quelque peu forte,
qu'elle cogniffoit, laquelle me feit deuenir auffi luifante qu'vn miroir fans

qu'elle y applicast autre fard ny vilen-
nie dont les autres vfent . Comme ces Auerlãs eſtoient au plus fort de
leurs promenades, me mis à la feneſtre
& m'ayans apperceuë hors le feiour
ordinaire, penferent que l'eſtoille leur
eſtoit apparuë, comme aux trois Roys
ainſi faiſis de grand'aiſe, & lieſſe qu'ils
fentoient en eux-meſmes, fe laiſſoient
preſque tomber de deſſus leurs cheuaux. Non fans qu'ils trauaillaſſent en
ce, autant & plus pour me cõtempler,
que ie mettois de peine à me receler:
voire eſtoient ſi paſſionnez qu'inceſ-
famment leuoient les teſtes en haut,&
leurs bouches bées , fembloient ces
animaux qu'on ameine d'Alexandrie.

Lamia. Tu veux dire des Came-
leons ?

Lais. Il eſt vray , & d'auantage te
veux bien aduertir que la plus part
m'engroſſoyent auec les yeux.

Lamia. Que faiſois tu entre tant
qu'ils te regardoient?

Lais. Ie conrrefaiſois tantoſt vne
honeſte religieuſe, apres vne aſſeuran-
tãce de femme mariée: voire quelque-

fois vsois de façon de faire & signes si
estranges, que ie les tenois enchantez,
sãs qu'ils peufsẽt bouger de leur place.

Lamia. Gaye maniere en bonne
foy.

Lais. Apres: i'estois vn tiers d'heure à me monstrer, puis cõme ils estoiẽt
au plus fort de leurs pratiques, ma
mere venoit à la fenestre, qui me com-
mandoit me retirer: Ainsi demeuroiẽt
si confus qu'ils ne sçauoient sus quel
pied danser, ne ce qu'ils déuoient dire
lesvns aux autres. La nuict venuë, chacun d'eux prenoit la hardiesse de heurter à la porte de nostre hostesse, que se
mettoit à la fenestre pour leur respon-
dre: ce que cognoissant ma mere, la
suiuoit à petit pas à fin d'entendre ce
qu'ils disoient. Comme l'hostesse e-
stoit en ces alteres, ma mere entre-ouit
vn de ces trançis (ayant le visage couuert) qui lui demãda, Qui est ceste Da-
moyselle, qui estoit nagueres à la fenestre? Elle est fille, dit-elle, d'vne Dame estrangere, de laquelle à ce que ie
puis entẽdre, le mari a esté tué par quel
ques siens ennemis: qui ainsi desolées

ſeſt renduë en ce lieu, où elle à amené ceſte ieune Damoyſelle qu'elle deſire marier, & par voye de iuſtice obtenir raiſon de ceux qui ont meurtry ſon mary, y ayant fait conduire ſes meubles, qui toutes-fois ne ſont de grand valeur. Ces bourdes ſçauoit treſbien ma mere faire ſonner aux oreilles de noſtre hoſteſſe.

Lamia. Ainſi ſoit le tout.

Lais. Apres diſoit ce Galand, Comment pourrois-ie parler à ceſte Dame? Il n'y a point de moyen, reſpond l'hoſteſſe, pource qu'elle ne veut eſcouter hôme viuant. Deſlors luy demandant ſi i'eſtois pucelle: Elle luy reſpond que ſans doute i'eſtoit telle, puis qu'on ne me voioit faire autre choſe tout le iour que marmonner entre mes dents, vn grand nombre de AVE MARIA. Et bien qu'il vſaſt de ſupplications & prieres, tendant à ce qu'elle le laiſſaſt entrer au lieu où i'eſtois, ne luy voulut autremét permettre. Au moyen dequoy, il luy dit pour la ſeconde fois : Ie vous prie donc me faire tant de courtoiſie de luy dire qu'elle reçoiue pour ſeruice,

entendre quelques paroles de moy,
auec promesses que mettrez entre les
mains de ces Dames, choses pour lesquelles ils vous beniront à tousiours
mais. Ainsi le promit faire, si qu'ayant
prins congé de luy, ferma la fenestre,
& de ce pas se rēdit vers nous, disāt en
ceste sorte: Il n'y a persōne qui mieux
sache où est le bon vin que les bons
gourmets. Puis s'adressant à ma mere,
disoit Ces Courtisans, Madame, ont
eu le vent de vostre fille, & l'ont suiuie
au trac, voire des-ia se promettent l'a-
uoir entre mains, deussiez vous monter au Ciel auec elle. Ie dis cecy, à cause d'vn d'entreux qui en persōne m'est
venu demander audience pour parler
à vous. Non, non, respond ma mere,
ie ne les crains, & m'en asseure. Comme ceste hostesse auoit vne langue ser-
pentine, aussi sçeut-elle tresbien luy
repliquer, vsant de ceste comparaison,
Que le signe principal d'vne prudente
Dame, est de sçauoir vser de la bōne
fortune, lors que Dieu la luy enuoye.
C'est vn homme, dit-elle, qui vous fera d'or & d'argent, pour tant pensez y

bien. Et retournant ceſt amoureux
tranſi à nous donner encores vne venuë, elle feit tant enuers luy qu'il cõ-
manda appareiller vn ſoupper magni-
fice: mais comme ma mere eut apperçeu ces preparatifs, entra en conſeil a-
uec moy, bien qu'elle fuſt ſi bonne
maiſtreſſe & tant aduiſée pour faire
ſon profit, qu'elle n'auoit beſoin mé-
dier l'aduis de ſes voiſins. De ſorte que
ceſt amoureux feit tant enuers elle
qu'il captiua (celuy ſembloit) ſa volonté, & promeit qu'elle feroit en ſorte que ie l'eſcouterois : dequoy ioyeux
au poſſible, s'en vint vne nuiɔ̈t peſant
coucher auec moy : à quoy pour paruenir me feit mille ſermens qu'il me
rembourſeroit de mon pucellage , &
me donneroit monts & merueilles.

Lamia. Ie reçois vn ſingulier plaiſir à t'eſcouter.

Lais. Pour cueillir quelque choſe
de la deſpence qu'il auoit faite & beaucoup plus de ce qu'il pretendoit, ſe
monſtra enuiron le ſoir bien deliberé:
& eſtant finy le ſouper (où nous fuſmes ſeruis à ſouhait) & de pluſieurs

mets, dont toutesfois il ne māgea que
deux bouchées & à bouche cloſe, &
beut ſeulement demy verre de vin
meſlé de trois parts d'eau : ſe meit à
me dreſſer mille careſſes, tant en geſtes que gracieux propos ſans que ie
luy reſpondiſſe aucune choſe. Ainſi ie
fus menée en la chābre de la Dame du
logis, laquelle ceſte nuict feit ſe ſeruice au gentil-hōme, pour l'ame d'vn
gentil ducat. Il ne fut pluſtoſt entré
dedans, qu'il ferma l'huis apres ſoy,
ſans permettre qu'aucun de ſes ſeruiteurs l'aidaſt à deſpoüiller, & en vn
momēt fut rendu au lict: ou deſlors il
commença à s'apriuoiſer, & ſe rendant
familier de moy, vſa de paroles ſi a-
moureuſes, entremelées par fois de
quelques braueries, qu'au moyen d'i-
celles il s'attēdoit me faire croire qu'il
feroit tant pour moy, & me donneroit
telles commoditez que ie n'aurois
occaſion de porter enuie à la principale & plus riche Courtiſane de Rome. Cela ne peut neantmoins tant gagner ſur moy que ie me rendiſſe au lict
aupres de luy: dequoy fort ennuyé, ſe

detestant ainsi faisoit grands sermens
qu'il m'estrangleroit, ou me donneroit cent coups de poignard. Dequoy
me feit poeur, faisant semblant d'executer ce qu'il disoit : parce qu'approchant sa main pres de ma gorge, il me
chatoüilloit doucement. Et alors se
print de rechef à me requerir, ama-
doüer & embrasser, sans que toutesfois il y peust rien profiter. Et remet-
tant sa chemise, se vestit & laua : mais
de ce feignant estre fachée, le priay
qu'il retournast au lict, & que i'accô-
plirois ce qu'il luy plairoit. De façon
qu'il s'en reuint coucher, & retourné
qu'il fut, il me supplia que ie le laissasse
faire, & que la piqueure d'vne mouche
en cest endroit m'apporteroir plus
grand mal qu'il ne me feroit. A dire
vray, & sans en rien mentir, ne voulus
consentir qu'il me touchast à bon e-
scient, ou de plus pres. Dequoy indigné au possible, se leua plein de courroux, reprint ses vestemens , & soy
pourmenant par la chambre, passa le
reste de la nuict en guise de ceux qui
font le guet en quelque forteresse : Si
qu'auec

qu'auec son minois triste & blesme,
sembloit parfaictement le berlandier,
qui ayant perdu son argent & le repos
est tousiours grondant & detestant, à
l'imitation de ceux qui se voyēt moc-
quez par vne dame. Ainsi ouurit la fenestre de la chambre, & iettant mille
souspirs, tenoit la teste en la paume de
sa main, faisant mine de contempler
la riuiere du Tybre, qui sembloit se rire de la trousse qu'on luy auoit ioüée:
& pendant qu'ainsi il songeoit creux
& fantastiquoit, se rompant le cerueau, ie reposay bien à mon aise. Le
iour venu, & que ie fus esueillée, i'apperçeu qu'il venoit vers moy les bras
tendus, me presentant mille accolla-
des:& te dy que ie ne vey oncques Ni-
gromancien ou coniurateur de diables
marmonner tant D'AGIOS, ATHA-
NATOS, comme il en profera: mais
en vain: car telle est l'esperance de
ceux qui sont en ces enfers. Comme il
vouloit reduire tout son cas à ce poinct
que seulement luy donnasse vn baiser,
luy deniay, non que pour cela il vou-
sit s'arrester, iusques à ce que i'enten-

dis ma mere marchant par la maison
auec l'hotesse, laquelle i'appellay : &
luy ayant ouuert la chambre, & dit en
ceste sorte: Quelles bourrelleries sont
cecy? Quels efforcemens & violences,
on n'en feroit de telles au boys de Se-
nar. Ma mere ainsi prononçoit ces
paroles d'vne trongne furieuse & à
haute voix. Ce que voyant l'hostesse
(bonne mediatrisse en telles affaires)
l'adoucissoit au mieux qu'elle pouuoit, & dist sourdement en l'oreille
de ce Iobe: Le diable vous à bien mis
en teste vous prendre à vne pucelle.
Le pauuret entré en l'obstination de
ceux qui se veulent r'acquiter de ce
qu'ils ont perdu au ieu (la teste pleine de tintouins) sortit de la maison.
Vne heure apres il enuoya vn coustu-
rier chargé d'vne piece de satin cra-
moisi morée, à fin qu'il print sur moy
la mesure d'vne basquine qu'il me vou
loit dõner: se faisant croire que la nuict
ensuiuant son courtaut couroit au pré
la lice à bride auallée. Moy (com-
mençant à le cognoistre) acceptãt son
seruice, m'en allay vers ma mere, à fin

d'entendre ce qu'il luy en sembloit.
Elle me respondit, qu'en apparence il
estoit ja volant & courant : Ie ne sçay
(dit elle) chose qui ne soit pour luy, il
nous loüera maison à ses propres despens, & là nous fournira de toutes
choses necessaires. Et moy (qui sans
conseil n'estois qu'asez instruite de ce
que i'auois à faire) m'en allay vn iour à
la fenestre, & voyant ce Iobelin venir,
ie me mis à descendre, & luy dis auec
ces paroles emmielées : Dieu sçait,
mon amy , quelle douleur i'ay recuë
en mon ame, en vous voyant partir
sans que du moins ie vous eusse peu
dire, demeurez auecques Dieu : vray
est que maintenant pour vostre arri-
uée ie me sens du tout deliurée de
telle fascherie , determinée de faire ceste nuict tout ce que me com-
manderez, bien que ce fust au hazard
de ma vie. Prenant pied à ces paroles,
vint à moy pour m'embrasser bouche
ouuerte, & sur ce poinct luy dis qu'il
enuoyast aux viures, & feit appareiller bien à soupper : chose qu'il eust
pour aggreable , & en si grand soing

que s'il euſt eu l'horloge en ſa maſche.
Le ſoir venu il ſe monſtra ſi eſchauffé,
qu'il ſembloit y auoir dix ans qu'il at-
tendoit ceſte heure. La table leuée, &
que tous eurent prins leur refection,
il me mena en la chambre où nous e-
ſtions la nuiċt precedente , ou il me
trouua vn peu plus amoureuſe de luy
qu'au parauant. Vray eſt que diſcou-
rant en ſon eſprit le peu de fruiċt qu'il
tiroit de ſon trauail, il ne ſe peut tenir
de me donner trois ou quatre coups
de poing : Ce que i'enduray patiem-
ment, & luy dis , Frappez moy hardiment ſi bon vous ſemble , par la mercy ſainċt Iean il vous couſtera bon &
cherement. Et deſenfumé qu'il fut ſe
voulut de rechef mettre en deuoir de
piller le veriuſt : mais en vain: car il fut
contraint reprendre les acclamations
& façons de faire de la nuiċt precedẽte
voire ſe leuant de fois à autre, ſe rendit
en la chambre où ma mere eſtoit couchée auec la Dame de la maiſon , &
leur compagnie il demeura plus de
quatre heures, ſe conſeillant de ſon affaire, vſant de menaces en mõ endroit.

Ce qu'entendant ma mere, luy dit:
Mon cher fils , ne vous esbahissez si
ceste ieune fille est vn peu farouche,
vous estes le premier homme du móde à qui elle parla iamais, non pas mesme au confesseur. Ne vous chaille, ie
veux que ceste nuict prochaine elle
accomplisse vostre volonté deust-elle
mourir en la peine. Comme il se vouloit vestir pour s'en aller, ie le luy donna vne large esguillette de taffetas, &
dit, tenez mon fils, voila dequoy luy
lier les mains s'elle ne veut se tenir
coye. Ce pauure Benjus receut ce present, & feit mesmes despēs tant pour
le disner que pour le souper de ce iour,
cóme auoit fait au precedent: puis s'en
vint coucher aupres de moy pour la
troisiesme nuictée . Mais apperçeu
qu'il eust que ne luy permettois me
toucher, entra en desespoir, si que le
vey prest à me fraper de sa dague. Ie te
confesse qu'eus peur, & fus contrainte
luy obeïr, parquoy paruint à la fin tant
desirée: sur ces entrefaites me prins à
escrier, debatre & tourmenter, disant
en ceste sorte: Ah! triste & infortunée

que ie suis, ie suis perduë, or suis-ie à
ce coup deshonorée! comment ose-
ray-ie paroistre deuant les gens? Ainsi
que ie faisois semblant d'estre en ces
alteres, doleances & clameurs, il estē-
dit le bras, & tira sa bource qu'il auoit
mise soubs son oreiller, en laquelle y
auoit quarante ducats d'or, & peu
moins de vingt en monnoye, qu'il me
vuida entre les mains, & dit: Prenez cela. Moy qui faisois signe n'en vouloir,
fus par luy contrainte les accepter.
Comme nous estions en ces termes,
& qu'il fut quelque peu appriuoisé, a-
uant que le iour vint à esclairer, son
roussin ayant couru quatre carrieres,
se veit à moitié chemin de la vie.

Lamia. Ainsi le dit Petrarque.

Lais. Par ma foy c'est Dante qui l'af-
ferme. Content de son emploite, il se
leua du lit & se part pour disner en ville, me delaissāt en cest estat, & iusques
à l'heure de faire le semblable, qu'il enuoya la prouision de ma table. La
nuict venuë, il retourna soupper chez
nous, de ce qui luy auoit cousté tant
d'argent.

Lamia. Escoute vn peu, ne s'apper-
çeut-il qu'à la prise de ton chasteau, il
n'eust esté forcé autrefois, & que tu
n'estois vierge.

Lais. Vrayement c'est bien dit : Et
penses-tu que ces Courtisans chantēt
plus des vierges que des Martyrs ? La
grande resistāce que ie luy feis, le rēdit
asseuré qu'il n'en estoit autrement.
En fin de compte, la quatriesme nuict
le laissay faire tout ce qu'il voulust à
son beau plaisir. Le lendemain matin
ma mere ne feit faute se rendre en nostre chambre, où me voyant couchée
à ses costez, me donna sa benediction,
& à luy vne hūble reuerence, pendant
que luy faisois le plus de caresses qu'il
m'estoit possible, & maintes accolades
que ie luy donnay en presence de ma
mere : Dequoy esiouye & satisfaite au
possible, se print à dire : Ie suis delibe-
rée me partir de Rome dans deux
iours, & n'y faire faute suiuāt les lettres
qu'ay reçeuës de mon pays, par lesquelles on me māde que ie voise mourir entres les miens. Ie ne veux donc
y faire faute, puis que Rome est

pour les bien-heureuses & non pour
celles qui sont comme ie suis) de tout
bon heur destituées. Ie vous dy pour
verité (mõ fils) que ie ne partirois, &
n'emmenerois auec moy ceste ieune
fille, si quelques possessions qui m'ap-
partiennent se pouuoyent vendre sans
moy, & que de l'argent qui en prouie-
droit me fust loisible en ce lieu achepter quelque maison , à fin d'obuier
à si grand charge de loyers de logis,
que ie ne puis plus supporter; Ioint
que si les heritages qu'ay au pays se vē-
dent sans moy , ie suis toute asseurée
qu'on ne m'en enuoyera les deniers:
ains seray cõtraincte les aller toucher.
Ie ne suis pas au monde née pour demeurer en maison d'autruy, consideré
que depuis que ie fus fēme espousée,
i'ay tousiours fait residence sur le miē.
Pour luy interrompre ses propos cõ-
mençay à dire, Ma mere si d'auenture
ie me voy separée de cestuy qui est mõ
cœur, soyez toute asseurée que ie ne
viuray vn seul iour apres. Puis me ioi-
gnant au plus pres de luy, l'embrassay,
iettant grosses & chaudes larmes de
mes

mes yeux. Ce que luy voyant, se leua
du lict, en son seant, & dit : En despit
de qui & dequoy ? ne suis-ie homme
pour vous faire auoir maison & la
vous garnir de toutes extensiles ? Et
aussi tost prenant ses habits, se leue &
sort de sa maison ayant vne clef en sa
main, & enuirõ quatre heures apres, ie
l'aperceu de retour, deux hõmes apres
luy chargez de coutils, couuertures de
lict, d'oreillers, comme aussi deux autres qui conduisoyent chacun vn mu-
let, chargez de licts de camp, chaires,
tables, & ferrailles, & deux autres marchands suiuis de seruiteurs , auec des
tapisseries, auãt portes, coessins, nap-
pes, estain & autres choses pour l'or-
nement d'vne maison : Si qu'il sembloit proprement que tout vn voysi-
nagé se passast en vn autre quartier.
Aussi mena-il ma mere auec luy, pour
monstrer vne maison (bien en ordre
garnie de tout ce qui estoit besoin) sise
sur le bord de la riuiere. Delà s'en retourna au lieu de nostre premier seiour , & paya à l'hostesse ce qui luy
estoit deu de loüage pour la chambre,

de laquelle il feit vuider ce qui y estoit, & emmener le peu que nous y auions, attendant que la nuict venuë il m'emmeneroit auec soy. Ie veux bien que tu sçaches qu'il despendoit pour vn homme de sa sorte aussi largement qu'il est possible, & bien qu'en ce nouueau logis ie ne fusse veuë à la fenestre comme au parauant, si est-ce qu'on sçauoit assez le lieu de ma demeure, si bien que deslors tu eusses veu mes soliciteurs & poursuiuans en general, faire la sentinelle deuant ma porte: & aduint qu'ayant accepté des yeux, & par signes attrayant, vn qui faisoit seblant de mourir, pour l'amour de moy, il eut cest heur, par le moyen d'vne humble soliciteuse, de triompher de ma personne, pour l'opinion qu'il estoit hôme qui auoit dequoy à despêdre. Ainsi commençay peu à peu à tourner les tallons à mon premier bien faicteur, qui ayant despensé tout ce qu'il auoit, & prins à credit tout ce, dont il m'auoit fait present, le terme du payemêt escheu, il n'eut dequoy satisfaire: au moyen dequoy, excommunié &

voüé à mille diables, se veid affiché par les carrefours, ruës & portes des Eglises de Rome, comme est la cousturne de ceste ville: & moy qui estois de bonne race, si tu l'entens bien, ie luy feis long temps telles caresses, àfin qu'il persistaft à me dóner robbes, habits, ioyaux, & richesses. Vray est que voyant ma porte fermée à peu de fois & qu'il falloit entrer à cachettes, il cómença à regretter le bié qu'il m'auoit fait, ainsi deuenu melancolique, sembloit vn fantosme priué de tout bon heur. Quãd i'eus espuisé la bourse du secõd, ie m'accointay d'vn troisiesme, nõ que pour cela me retinsse d'ouurir mon huis à quiconque me venoit presenter la foy & hómage accompagnez de quelques presens honorables. En fin ie m'en allay demeurer en autre maison, peu plus conuenable pour ranger mon mesnage accreu, & ne leus pluftoft meublée, que la noblesse de la ville y accourut de tous coftez, & dois croire que i'employay la plus part de ce tems à estudier & deuenir experte en noftre estat en vn liure ja-

dis composé par l'ancienne & plus rusée Courtisane qui iamais fut dãs Rome, nommée ANGELA TORRENTIA,
de maniere que ie deuins en ceſt art
autãt & plus grãde clergeſſe, que ceux
qui vont à Boulongne, ou à Lutece, où
ſont ſept, huiɔt, & dix ans, perdans leur
temps & argent, retournent auſſi gros
aſnes en leurs maiſons, comme quand
ils en ſortirent. En trois moys qu'em-
ploiay en ceſte eſtude, voire en moins
de deux, deuins ſi bonne maiſtreſſe &
aduiſée en ce qui ſe doit ſçauoir, ſoit
à deſgouter & eſtranger ceux qui m'e-
ſtoient agreables, ou acquerir nouueaux amis : cognoiſtre à les em-
boucler & deceuoir (ſçauoir que laiſ-
ſant l'vn, fauoriſois l'autre) pleurer en
riant, & rire en pleurant, que pendant
ce temps ie vendis mille fois mon pucellage à diuers marchãds, Ie te veux
dire auſſi vne partie de mes trahiſons,
leſquelles à vray parler ne doiuent autrement eſtre nommées pour eſtre de
mon inuãtion: ioinɔt que ſi tu es bonne Alquimiſte m'entendras incontinent.

Lamia. Ie ne suis Alquimiste, ny le veux estre, neantmoins ie croiray ce que tu voudras sans qu'il soit besoin que tu en iures.

Lais. I'auois entre autres vn amoureux qui me tenoit grandement obligée, si ainsi est que la Courtisane ne se propose autre but & ne vise à autre chose qu'à ce que les Amans donnent, sans qu'il luy soit loisible cognoistre si elle est obligée, ne quand l'obligation d'elle cesse, ioinct aussi que mõ amour est de telle qualité, comme dit le refrain, que, *Ce qu'ay au cœur me deult.* Auquel me mis à vser de tresgrandes cruautez, me mõstrant en son endroit autant estrange & facheuse qu'on eust peu excogiter : & d'autant plus le traitois cruellement, qu'il me donnoit de son bien, me le iettant à poignées, ne perdant ceste occasion, par chacun vendredy, me rendre sur le soir en sa maison pour coucher auec luy. Comme nous estions en table pour soupper, ie cherchois tousiours quelque occasion d'estriuer & crier apres luy.

Lamia. Pourquoy cela?

Lais. A fin que mal ou peu luy profitaſt le manger.

Lamia. Ieſus! quelle cruauté.

Lais. Moitié eſtriuant, & moitié deuiſant l'entretenois de propos, à fin qu'il ne ſe couchaſt iuſqu'à deux heureures apres minuit, & que ce qui reſtoit de la nuict fuſt employé à ruminer & maſcher ſon frein, auec tant de diſgrace qu'il depitoit ſa patiéce, proferant autres plus grands blaſphemes qu'auparauant. Puis ceſſant ces choſes, me prioit que ie luy monſtraſſe quelque ſigne d'amitié, ce que luy refuſay : dequoy indigné, & qu'il eſtoit quaſi heure de ſe leuer, me retournois ſur le coſté, & alors m'approchãt auec chaudes larmes, luy bagnois le viſage, procurant qu'il ſe ſeruiſt de ceſte bonne commodité : Ainſi falloit qu'il me baillaſt l'or & l'argent qu'il auoit en ſa bource, & qui plus eſt, la moitié des habits qu'il portoit, auant que luy conſentiſſe faire ce qu'il deſiroit.

Lamia. Tu eſtois donc vne Neronne.

Lais. Enuers les eſtrangers ſeule-

ment, qui venoient à Rome pour y
seiourner huict ou dix iours, i'vsois de
ces façons, que tu appelles *Le secret de
mes arts.* I'auois aussi cognoissance a-
uec les sergens & officiers du guet, ne
les desdaignant quelquesfois repaistre
en ma bourique, sans autre paye, &
par là les obligeois (ou ce leur sembloit) à debatre & soustenir mes que-
reles, faire des braues espadacins pour
mon seruice, comme tu orras. Ces
estrangers, dont ie te parle, venus à
Rome, curieux de voir les antiques
recherches qui leur estoient mon-
strez, & par consequent leurs veux
& promesses accomplies, comme
aussi leurs affaires expediées, procu-
roient visiter les choses modernes, &
rencontrez par les ruës de ces miens
escuyers, apres auoir entendu qu'ils
desiroient voir quelque fille de ioye, à
l'instant me les acheminoient, & e-
stois la premiere en la maison en laquelle ils entroient, & c'est à sçauoir,
que nul ne couchoit auecque moy,
sans paiement, ou bien qu'il ne laissast
ses habits.

I iiij

Lamia. Comment se pouuoit faire cela ?

Lais. Puis que tu le veux sçauoir, ie le te diray. Le matin venu, ma seruante entroit pour prendre ses accoustremens, sous couleur de les vouloir nettoyer, puis peu apres se prenoit à escrier, disant qu'on les luy auoit enleuez. A cecy monsieur le rustaut qui entendoit estre desrobé, se leuoit tout nud comme le ver, & blasphemant disoit qu'il me feroit prendre mes biens, & que de la valeur d'iceux il trouueroit moien que ses habits luy seroient payez: Et moy en criant tres-affreusement? me leuois du lict, & disois : Cóment, meschant, vous me ferez prendre mes biens? Ne vous suffit-il pas de m'auoir forcée en ma maison sans me dire estre larronnesse ? Ces clameurs entenduës de ceux dont cy dessus ay faict mention , qui s'estoient rendus à ma porte, entroient les espées nuës aux mains montant iusques en ma chambre, disoiët en ceste sorte: Qui a il? dequoy auez vous besoin, Madame, y a-il quelqu'vn ? Auec ces paro-

les ils aſſailloient ce pauure ver tout
nud comme s'il fuſt ſorty du ventre
de ſa mere, & ſembloit à ſes geſtes &
manieres de faire , qu'il accompliſt
quel que vœu ou penitence, me reque-
rant pardon ; voire tenoit à grand' faueur que i'enuoiaſſe appeller ſes amis,
& ceux de ſa cognoiſſáce, deſquels l'vn
luy preſtoit les chauſſes, l'autre la cappe, & conſequemmēt le bonnet, le
ſayon & la chemiſe, tellement que ſé
partant de ma maiſon il luy ſembloit
eſtre eſchappé des mains des infideles.

Lamia. Comment pouuois tu ſup-
porter en ton cœur vne cruauté ſi mi-
ſerable?

Lais. Fort bien , parce qu'il n'y a
choſe tant pleine d'iniquité, & larcins
qui peut effrayer vne Courtiſane fine
& ruſée comme moy: Mon renom fut
tellement eſpars & diuulgué par le
païs que ceux qui auoient eſté ainſi
traitez n'y retournoient iamais : Et ſi
d'auéture à quelqu'vn d'entr'eux prenoit enuie d'y retourner , faiſoit en
ſorte que ſon ſeruiteur, ou compagnõ
emportoit tous ſes habits en ſon lo-

gis , & le lendemain matin les luy
renuoyoit, encor que nonobstãt tout
aduis & preuoyance leur estoit force
laisser quelque chose à la maison , cõme les coiffes qu'ils mettoient en teste, les gants , les cordons,&c. qui seruent à vne Courtisane, laquelle happe
& prend tout, ne fust qu'vne branche
de fenoil, le pepin d'vne poire, le fer
d'vne esguillette, & le trenchant d'vn
festu : Et auec tout tel grapinage ne
pouuons nous en fin euiter d'estre
marchandes de bougies & chandelles
par les Eglises , ce qui nous cause le
mal d'Espaigne que nous prenons de
ceux qui (en mal-heure) passent les
monts pour s'en deffaire. A dire vray,
celles qui en leur ieunesse ne se sçauët
gouuerner, ont l'hospital pour refuge, & ne leur peut faillir, ou bien recours à gaigner & passer le reste de
leur tẽps à seruir d'ambassade, ou faire
parfuns pour embellir la face : oinctu-
res pour adoucir les mains, arracher le
poil des sourcils, faire matlas, tenir ta-
uerne, aller en pelerinage , & gagner
les pardons pour autruy. Ie veux

auſſi que tu ſçaches , que ie ne fus en
iour de ma vie de ces ſottes qui ſe font
mener par la main , comme Princeſ-
ſes : car i'ay touſiours eu moyen & iugement pour me ſçauoir conduire.
Malheur à celles qui en ce móde n'auront la grace & entendement de faire
le meſme. Pour vn grand Seigneur
qui entre en ta maiſon, & qui te dón-
ne vn bon preſent , y en entre aſſez
d'autres qui te payent en gambades:
Ce que mille d'entre les bourgeois ne
voudroyent faire, puis qu'ils payent à
pleines mains . Celle qui ſe monſtre humaine , ne traine point le velours : ainſi verras que ſous quelque
mauuaiſes cappes ſont recellez de beaux ducats. Ie veux auſſi que tu ſçaches vn poinct , qui eſt : que ceux qui
mieux payét en Rome, ſont ſeruiteurs
de marcháds,marcháds:diſ-ie, qui vé-
dent charbon & les deſpenſiers que ie
deuois nómer les premiers, qui deſpé-
cent en vn iour auec les femmes,autát
& plus qu'ils n'en deſrobent à leurs
maiſtres en vn an: tellement que pour
cueillir mouſſe & faire prouffit ne

se faut accointer d'autres gens, & non
point de ces mignôs aux bottines pic-
quées , qui portent le sayon de velours.

Lamia. Pourquoy cela?

Laïs. La raison est, que ces sayes de
velours & de satin sont le plus souuēt
fourrez de debtes, & que la plus part
de ces Courtisans qui les portent, font
à la guise des limaçons , qui portent
leur maison sur eux, & qui iamais ne se
saoulent de passe-temps. S'il y a quelqu'vn d'entr'eux qui ait quelque peu
de reuenu, il le despend en oignemens
& odeurs pour la barbe, ou en teintu-
re pour r'afreschir les couleurs, & tapisseries, tellement que pour vne paire de souliers de velours que tu leur
vois porter, remarqueras à leur tallons
cent desesperez qui les importunent
de payer leurs debtes. Ie ne me puis
tenir de rire quand ie voy leur orgueil
& presomption : & quand d'autrepart
ie contemple les sayons qu'ils portent
aucuns desquels à force d'vsure sont
deuenus de velours raz, ou satin cra-
moisi de haute graisse.

Lamia. Il ne se faut esbahir si on voit tant de pelez au temps present, qui est tout autre à cil qui m'entretenoit en vogue : car alors on trouuoit d'autres gẽs & de meilleur lustre que maintenant, si bien qu'on peut dire que la pauureté grãde en laquelle sont pour le iourd'huy les seruiteurs, procede de la vilanie & nonchalance de leurs maistres. Laissons à present le traité de ceste matiere, & poursuy ton compte.

Lais. Ie dy qu'il y auoit vn personnage à Mantouë, qui vouloit auec moy vser de sa pratique, & me disoit qu'il sçauoit quelle i'estois, voire cognoissoit mon parentage, cuidant par ce moyen faire de moy à son plaisir, sans tirer au cheurotin moysi. Vn iour il s'en vint en ma maison, enflé des plus belles raisons, douces paroles & nouuelles qu'oncques i'entendis degoiser, il me loüoit, il me seruoit. Si quelque chose rõboit en bas, il s'abaissoit pour le releuer : ostoit son bõnet, & faisant vn gentil pied de veau iusques à terre, me la rẽdoit. Cõme

il euſt eſté quelque eſpace de temps en
ceſt entretien & careſſes , ils s'en
hardit vn iour entre autres me tenir les
propos qui enſuiuēt : Pourquoy (Madame) nepuis-ie obtenir de voſtre
grace quelque courtoiſie, ou que ne
faites vous en ſorte que ie meure, me
voulāt refuſer? Ie luy reſpons en ceſte
ſorte : Ie me ſubmets, Seigneur, à voſtre obeiſſance en tout ce qu'il vous
plaira me commāder, partant aduiſez
en quelle part vous voulez eſtre ſerui
de moy. Ce que ie requiers de voˢ (dit-
il) tend à ce que veniez coucher auec
moy ceſte nuict. Ainſi le deſire , àfin
que voſtre gentilleſſe entre en poſſeſ-
ſion d'vne petite maiſon, laquelle vous
eſt vouée. Tres-volontiers, Seigneur,
vous obeiray , pourueu que ce ſoit a-
pres ſoupper, parce que i'ay ja conuié
vn mien amy à ceſt effect , & ne le
puis laiſſer . Ceſte condition pleuſt
merueilleuſement au pourſuiuant,
qui ſe ſentit excuſé des frais de l'ap-
pareil du ſoupper à bon marché.
L'heure neant-moins aſſignée & venuë, allay en ſa maiſon, où de repos, &

apres que nous fuſmes couchez, fus
attentiue en toute affaire, & eſtant
deſ-ia bonne partie de la nuiɑ̃ paſſée,
& que i'eus ſenty qu'il rõfloit, ie prins
ſa chemiſe d'homme que ie veſtis, laquelle eſtoit ouurée d'or, n'y ayant
ſeulement huit iours qu'il l'auoit apportée de la boutique d'vne lingere, &
au lieu d'elle, luy laiſſay la miéne à vſa-
ge de femme, vieille & vſée. ʃ Comme
ma ſeruãte me vint appeller de bõ matin, me leuay en ſurſaut, & ayant remarqué au coing d'vne chãbre tout le
linge de Monſieur (qui dormoit ſon
ſaoul) eſtant mis en vn monceau pour
le bailler à la lauandiere, ie le chargeay
ſur la teſte de ma chambriere, le tout
enueloppé en ſa manteline, laquelle
ʃ'enfuit la premiere, pendant que ie
gardois mõ galant qui dormoit, ayant
peur qu'il ne ſe reſueillaſt: à quoy i'ap-
perçeus qu'il ne vouloit entendre,
pource qu'il auoit aſſez trauaillé
au parauant : Apres ie me ſaiſi de
quelques phioles (que i'auois remar-
quées le ſoir en vne feneſtre) pleines
d'eauë de ſenteurs, deſquelles ie prins

le plus que ie peu, & m'en allay auec.
Ce qu'il dit à son leuer, tu le dois pen-
ser.

Lamia. Comment se souffroient au
monde telles subtilitez?

Lais. Ainsi qu'il se vouloir habiller,
il meit la main à ma chemise, qu'il eust
endossée, n'eust esté qu'elle estoit vieil
le, repetassée & descousuë par les costez, & lors pensa que par mesgarde ie
l'auois eschangée à la sienne. Estant
leué & trouuant sa maison ainsi baliée,
sans linges & autres choses qu'il y a-
uoit eu, deuint furieux côme vn Lyon:
& ne me sçachant pis faire, forma vn
plaintif à l'encontre de moy, tellemét
qu'il me fit coffrer en prison. Mais côme de ce fait n'y auoit aucun indice,
nulle preuue par tesmoins ou autrement, ie fus deliurée : outre les despés
& interests que i'obtins à l'encontre
de luy, lequel me faisoit autre que fille
de bien (comme tu scais que i'estois)
tellement que ie fus de plusieurs tenuë pour fille d'honneur & prins ar-
gument de rire mon saoul de luy, en
lieu qu'il cuidoit triompher de moy:
& faut

mit en deuoir m'y attirer. A quoy feis
telle refiftances qu'il fut cõtrainct retourner au lict, où eftendu, tourne la
tefte contre la paroy, tãdis que me def-
ueftois, comme s'il euft eu hõte de me
voir en chemife : Puis dit. Ne faites
point cela, Madame, ne le faites point.
Ainfi s'approcha de la chandelle, qu'il
eftaignit. Entrée que fus au lict, fe
print à m'embraffer & careffer de mefme volonté qu'vne mere embraffe-
roit fon fils : fon fils dis-ie qu'elle auroit ja pleuré pour mort. Tellement
que s'approchant de moy, me ferroit
eftroitement entre fes bras : non
que pour cefte fois luy permiffe paf-
fer outre. Hé! Dieu, ma vie (difoit-
il) tenez vous cuoye : fi ie vous faf-
che, tuez moy. Bref entre-prieres &
flateries s'efforçoit à toutes heures
me dõner à la defrobée quelques fauf-
fes atteintes. Cõme il eftoit en fi grande agonie, & voyoit qu'il fe trauailloit
pour neant, fembloit entrer en defef-
poir : qui fut caufe que les prieres
fe tournerent en menaces, tellement
que blafphemant, il mangeroit, &

& faut encor’ que tu sçaches qu’en ce
mien affaire, ie n’auois faute de solici-
citeurs ny aussi de tesmoins pour me
qualifier fille des plus honestes du
quartier.

Lamia. A son dam, se vouloit-il ioüer
à vne personne de tant d’amis?

Lais. Escoute donc encores cecy:
Ie tenois en Florence vn certain marchand pour amoureux, bonne personne certes , & qui non seulement me
portoit beaucoup d’affectiō:mais aussi
m’adoroit & m’entretenoit fort bien:
ainsi que de ma part ie luy faisois les
caresses à moy possibles : parquoy il
ne m’auoit en autre reputation, sinon
de femme qui aimast, ou fist aucune
chose pour autre que pour luy : bien
qu’il s’en trouue assez qui disent, Vous
ne sçauez pas,vne telle est si amoureuse d’vn tel, qu’elle en perd les pieds.
Ce sont bourdes, & à vray parler cer-
aines ferueurs d’amours qui aussi peu
durent que la chaleur du Soleil en hyuer, ou la pluye en esté . C’est chose
incompatible qu’vne femme qui se
submet à tous,en ayme vn seul.

K

Lamia. Cela fçay ie-bien.

Lais. Ce marchand duquel ie parle couchoit auec moy toutes les nuicts, qui fut occasion que pour m'acquerir quelque reputation, & pour mieux luy donner le vent en queüe, ie le vous rendis fort gentiment jaloux de ma personne, ores qu'il n'en feist aucun semblant: mais en quelle maniere, à ton aduis? Ie feis achepter trois couples de perdrix, deux chappõs de haute graisse, des plus refais, & vne paire de faisants: puis choisi vn cõpagnon bien vestu, qu'il ne cognoissoit, auquel enchargeáy qu'à l'heure que le marchãd seroit auec moy à table, prenant sa refection, vint heurter à la porte. Ce qu'il fit: à ce bruit commanday à ma seruante qu'elle courust ouurir à qui que ce fust, & la porte ouuerte, il monte où nous estions: Bon prou vous face, & à l'honorable compagnie (dit-il) Le Comte de Monture Espagnol vous supplie (Madame) luy faire tant de courtoisie, que de manger ce gibier pour l'amour de luy, & vous mande que quand vous aurez la com-

modité , il desire vous communiquer
quelques affaires. Ce qu'ayant entendu, ie feis semblant d'estre toute troublée, & monstrant piteuse mine, luy
responds, Quel comte, ou quelles ba-
liuernes sont-cecy ? Remportez mon
amy quant & vous vostre present : Ie
ne veux qu'autre Côte me tienne propos que celuy qui sied pres de moy, &
qui m'a fait beaucoup plus de bié que
ie n'en puis meriter en toute ma vie.
Puis me tournant vers luy, qui estoit à
demy troublé, l'embrassay, & deslors
commençay à iniurier & deshonorer
le compagnon, luy enchargeant qu'il
eust à partir de deuant moy. Le marchand qui me vit ainsi colerée à l'encontre du ieune homme, feit de necessité vertu, & me dit : Prenez ce present, sotte. Puis dit au ieune homme:
mõ amy, dites au Seigneur Côte qu'elle le mangera pour l'amour de luy.
Apres quelque risées, lesquelles ie de-
menois à bon escient, me tournay deuers lui, & dis: Que ce Côte Espagnol,
s'asseure hardimét qu'il n'aura vir seul
baiser de moy. I'estime pl? vostre sou-

lier que ie ne fais cinquante Comtes
de ceste nation. De ce, me remercia
grandement, & deſlors ſe rendit en-
tentif à ſa pratique. En ces entrefaites
ie feis venir ceux dont cy deuant t'ay
parlé, qui debatoient mes querelles,
leſquels au premier mot ſe rendirent
en ma maiſon, enuiron le Soleil cau-
chant (pource qu'a telle heure ie ſoup-
pois auec mon marchand) & leur en-
chargeay qu'ils euſſent à choiſir vn
ieune homme bien diſpos & deliberé,
qui portaſt vn flambeau en la main, &
que les autres ſe tinſſent vn peu à l'eſ-
cart, les viſages cachez de leurs man-
teaux: non toutesfois ſi eſcartez qu'on
ne les peuſt bien voir de ma feneſtre,
& que celuy qui porteroit la torche
criaſt à la porte, laquelle luy ſeroit incontinent ouuerte. Ainſi monta ce
ieune homme en la chambre où nous
eſtions, & nous ayant ſalué gratieuſe-
ment à l'Eſpagnole, dit mon Seigneur
le Comte vient faire la reuerence qu'il
doit à voſtre gentilleſſe. Ie luy reſpons
comme celle qui feignoit eſtre grandement troublée: Dites au Seigneur

Comte que sa seigneurie me doit par-
donner, puis que ie suis obligée à autre que vous voyez assis pres de moy.
Faisant fin à ces propos, luy iettay mes
bras autour du col. Ainsi se partit le
compagnon : mais il ne tarda beaucoup à retourner, & appeller, sans qu'il
luy fust autrement fait responce, parce
que i'auois fait deffence à ma seruante
de luy ouurir : qui fut cause que nous
entēdismes qu'il disoit : Monseigneur
le Côte vous fera mettre l'huys dedās,
voire y mettra le feu, si vous n'ouurez.
A ces menaces me mis à la fenestre
criant à haute voix & detestant leurs
efforts : Quelles violéces sont-ce icy,
vostre Seigneur commandera qu'on
abbatte mes portes ? Dites-luy, qu'il
les commande brusler, ou mettre en
pieces, comme bon luy semblera, &
que pour mon regard ie me veux tenir
à vn seul que i'aymé & cheris, & qui
m'a fait estre ce que ie suis. Tel qu'il
est, il m'est agreable : pour luy ie desire mourir s'il en est besoin. Ainsi
que nous estions parlemantans, arri-
uerent à la porte, qui estoient biē cinq

K iij

ou six en nombre, bien qu'au bruit &
tumulte qu'ils faisoient, semblassent
estre plus de cinquante l'vn desquels
auec vne voix grosse & magistrale me
dit : Vous vous repentirez, vieille putain, & ceste bonne bague qui est aupres de vous : Et par les ossemens du
Soleil ie luy feray rentraire la gorge.
Vo° ferez ceque, vo° voudrez : ce ne sõt
leur (dis-ie) actes de Caualiers, de vouloir ainsi forcer les Dames d'honneur
en leurs maisons. Comme ie voulois
encores les endormir de mille babio-
les, mon marchãd me tira soudain par
la robbe, me disant que ie m'ostasse de
la fenestre, & que ce que ie leur auois
dit me deuoit suffire, sans vouloir estre
occasiõ que sortant de ma maison, ces
Espagnols le missent en pieces. Et cõme ie me fus retirée dedans, il me rendit tãt de graces, pour l'estime en quoy
ie l'auois, qu'il n'est possible le declarer, & plus que ne font ceux qu'on fait
sortir des prisons, ny ceux-la qui en
icelles ont fait quelque affaire charita-
ble. Le lendemain matin il me fit en
diligẽce tailler vne robbe de satin Ve-

nitien, de couleur morée, du plus fin
de ſa boutique. Et ſe tint ſi bien ſur ſes
gardes, qu'au pluſtoſt que L'AVE MA-
RIA eſtoit ſonué on ne l'euſt trouué
hors la maiſon, tant grande eſtoit la
peur qu'il auoit de ces Eſpagnols, &
que le Comte luy feiſt dõner quelque
balaffre : ioint qu'à chaſque propos il
auoit touſiours en la bouche: En bonne foy (ma Lucrece) vous accouſtrez
bien ces Comtes d'Eſpagne.

Lamia. Pourquoy dit-il cela?

Lais. Pource que ie luy auois fait
accroire que ie m'eſtois ainſi mocquée de ſept ou huit autres Comtes &
Courtiſans de ce pays, les faiſant attẽ-
dre au deſſous du figuier de mon jardin, tant & ſi lõguemẽt qu'ils ſe deſeſ-
peroient. Puis luy iurois qu'a telle, &
telle nuit qu'il auoit couché auec moy
vn Gẽtilhomme de tel lieu, & ſes ſeruiteurs auoient eſté en vn parterre, &
les autres au courtil, attendans qu'il
deſcendiſt, àfin que ie n'euſſe occaſion me ioindre à vn autre : lors il me
redoubloit l'ordinaire, & meſmes me
donnoit infinies bagues. Et auec ces

amis, n'auoit autre entretien de paroles, que de l'amour que ie luy portois,
ce luy sembloit.

Lamia. Voilà certes vne gentille
ruse.

Lais. Or attens vn peu, ie t'en con-
teray vn autre: Ainsi que i'estois à Milan, aduint que ie couchay plusieurs
nuicts auec vn bragard, faiseur de bou-
cliers, qui auoit long temps esté en
garnison à Siene, suiuãt les cõpagnies
de Gennes, voire s'estoit trouué au sac
de Rome, & en autres hazardeuses en-
treprises. Conclusion, il estoit hõme
tel, que quelque femme qui le voyoit
de demie lieüe loing, entendoit qu'il
se failloir garder de luy, comme du
diable: si bien qu'en tout Milan ne se
parloit d'autre chose. Et veux que tu
sçaches que ie n'ay acquis ce que i'ay
de present, comme buissonniere : ains
comme diablesse. Baste, laissons cela,
pour vne autre saison. Tu dois sçauoir que se leuant vn matin d'aupres
de moy, i'apperceus qu'il y auoit dix
ducats en sa bource, que la nuict ensuiuant m'efforçay luy tirer de dessous
l'esle,

l'esle, ce qui ne me fut possible (bien
que cauteleusement i'eusse laissé la
chandelle allumée tout à propos à cest
effet) parquoy ie diray m'en rendre
contente vne autre fois. Quelque peu de temps apres (me souuenant tousiours de cest) affaire comme
il estoit en ma maison oysif & en repos , pensant qu'il me deuoit toute sa
vie tenir contente sans rien donner,
feignist auoir acheté d'vn marchand
quelque quātité de toile de Holande,
& qu'il viendroit à certaine heure me
demander dix escus que ie luy deuois
pour autre toile qu'il m'auoit ja deli-
uré à credit : à quoy ne fit faute le sup-
posé marchand , tellement que lors
que l'entendis qu'il estoit entré en
ma maison, me tiray pres de mon bragard, & le feis Cheualier de mon ordre, luy baillant l'accolée d'vne main,
& de l'autre applaudissois sa barbe tout
doucement: Et le baisant à souhait, me
prins à luy dire en ceste maniere. Me
sçauriez vous à l'aduenture(mon bon
Amy) faire entendre qui est vostre a-
moureuse? C'est vous(dit-il) de moy:

L

Parquoy tant pour ceſte reſponce, cōme pour l'entretenir en contentemēt,
ie me mis dauantage à le feſtoyer. Tā-
dis que ie l'étretenois, & luy diſois ces
paroles, voulez vous que nous cou-
chions ceſte nuict enſemble? la chambriere qui entendoit le pair, me dit;
Madame, il y a aſſez long tēps que le
marchand de toile eſt ceans. A ce propos, ie luy commanday qu'elle le feiſt
entrer en la chambre où nous eſtions:
Et lors mon bragard me demandant
qui eſtoit ceſt homme, & ce qu'il demandoit: Ie luy feis entendre qu'il venoit querir dix eſcus que ie luy deuois
de reſte des toiles qu'il m'auoit ven-
dües, pour faire vn pauillon. Puis dis à
ma ſeruante: Pren ceſte clef, ouure ce
coffre, & luy donne dix eſcus de l'argent que tu y trouueras. Cependant
qu'elle alloit faire ſemblāt d'ouurir le
coffre, ie dorlotois & amadoüiois mon
mignon, d'autant que le marchand de
toilles s'en vouloit aller, encores que
i'euſſe dit à ma ſeruante qu'elle ſe de-
peſchaſt luy conter argent: & eſtant
comme toute troublée, ie m'en allay

droit à elle: laquelle empeschée à l'entour de la serrure de ce coffre ne le
pouuoit ouurir, & tout à propos, parce que comme l'argent n'estoit deu à
celuy qui le demandoit, aussi n'auoit-
elle la vraye clef qu'il falloit pour ouurir le coffre. Ce que voulant dissimu-
ler, fit mines qu'elle auoit, efforcé la
clef & meslé la serrure : Dequoy indi-
gnée (ce sembloit) me iettay sur elle,
criant & frappant à coups de poings,
disant, meschante & m'al'heureuse,
tu m'as gasté mon coffre ! Puis la
frappant tousiours, luy commanday
qu'elle allast querir le serrurier, pour
en faire ouuerture. A quoy obeissant
s'y en alla : mais feit semblant de ne le
trouuer point,& retourna sans l'ame-
ner. Incontinent, monstrant plus de
fascherie qu'au parauant, me tournay
vers mõ challand,& luy requis de grace, que s'il auoit dix escus sur soy, il
m'en feist prest, à fin que le marchand
de toiles n'attendist d'auantage, pendant qu'ont iroit cercher vn homme
pour leuer la serrure,& que de l'argent
qui y estoit il seroit rembourcé.

L ij

Lamia. Tu ioüas (à mon aduis) la plus grande & gracieuse trousse du monde , & n'ouy de ma vie la semblable.

Lais. La premiere chose qu'il fit, ce fut de mettre la main à la bource, donnant les dix escus à ce marchãd, & luy dit : Tenez mon amy, & vous en allez à la grace de Dieu. Comme i'estois assaillant ce pauure coffre, le frappãt des pieds tant que ie pouuois : puis non contente des grandes & petites offences que ie luy faisois, prins vne pierre, de laquelle ie me voulois efforcer (ce sebloit) de l'ouurir : Il me dit, enuoyez Madame querir vn serrurier : vous le romprez plustost que l'ouurir de ceste sorte. Del-ia me disoit toy, & vo°, auec moindre respect qu'au precedant, sans vser de Seigneurie, au moyen de la liberté de laquelle il auoit vsé enuers moy, me prestant ces dix escus.

Lamia. Vrayement tu la luy baillas belle, & en bons termes.

Lais. Quand il m'eut retirée d'aupres ce coffre, qu'assiduément ie traittois à coups de pieds , il me mena vers

le lict, en intention que nous couche-
rions ensemble à l'apresdisnée : mais
comme i'estois encores indeterminée
si à ce ie deuois consentir ou non, on
frappa à la porte. Et côme ie me voulois mettre à la fenestre pour voir qui
ç'estoit, il me retint, & pria que n'en
fisse rien. En effet ie me despestray de
ses mains, & regardant en bas, i'apper-
ceuz vn ieune Gentil-homme, monté
sur vne mulle, qui desguisé me presen-
ta la crouppe : ce que i'acceptay, receuant par mesme moyen la cappe d'vn
sien page : vestuë au surplus d'habits
d'hôme, ainsi que ie soulois estre la
plus-part du temps, & en cest equipage m'en allay auec luy. Dequoy indigné mon bragard (badaut qu'il estoit)
abbatit vn portraict de ma personne
representé en vn tableau qui pendoit
à vn tapis, & l'emporta, côme s'il eust
voulu ce venger de moy : & dessors
sort de ma maison, comme celuy qui
quitte le ieu apres y auoir perdu son
argent. Vray est que tost apres il retourna auec vn marteau & tenailles,
en deliberation d'enleuer la serrure &

L iij

prendre ses dix escus : mais ma chambriere qui estoit instruite de ce qu'elle
deuoit faire, commença à crier à haute
voix, & dit. *On me desrobbe, on me des-*
robbe : Au larrons, aux larrons, mes amis,
tellement que tout le voisinage fut à
l'instant à ma porte. Ce qu'entendant,
il se hasta le plus qu'il peut , & fit en
sorte qu'il enleua la serrure du coffre,
où il trouua plusieurs petites boites
pleines d'oignemens , qui seruoient à
embellir la face & les mains : les autres pour les cheueux : poudres & ra-
cines de mauues pour les dēts, empoix
pour empeser les voiles & collets, vn
pot plein de pommade pour adoucir
l'aspreté du corps & des iambes, deux
phioles d'eau astringente pour reser-
rer ce que tu sçais, & plusieurs autres
hardes dont nous vsons à la conseruа-
tion de nostre estat. Mais à propos te
faisant le recit des choses qui m'ont
esté occurrentes , me souuient de
ceux qui veulent faire vne confes-
sion generale, & s'accuser de tous les
pechez qu'ils ont commis en tout le
cours de leurs vies , & iettez aux

pieds du confesseur, ne leur en souuient de la moitié.

Lamia. Fay moy part de ce dont il
te souuient, à fin que le me contant, le
surplus te vienne en memoire.

Lais. Ainsi feray-ie. Vn certain
Idiot, qui pour tous les biens de ce
monde, auoit vne seule vigne, laquelle venduë ne pouuoit faire plus grande somme que de cent escus, se meit
en fantasie me demander en mariage
& auoir pour femme choisissant pour
le tiers & mediateur en ce negoce vn
certain Barbier que ie cognoissois, enuers lequel il fit en sorte qu'il me porta parole de sa part. Or comme i'euz
veu la monnoye qu'il pouuoit auoir,
luy donnay esperance qu'il paruien-
droit à son desir, tellement qu'estant
asseuré de m'auoir pour sienne, il s'en
vint vn iour en ma maison, où estant
de repos & enyuré d'vne infinité de
caresses que ie luy faisois, despédit en
moins d'vn mois tous les cent escus
en vtencilles & mesnage propres à
garnir ma maison : non que durant
ce temps me souuienne luy auoir

donné (pour tout contentement) plus
d'vne ou deux fois la collation. Le
moyen que ie tins pour m'en descharger, fut que ie connins auec vn mien
amy qu'il eust à l'espouäter lors qu'il
entreroit en ma maison, & que des-
gainant son espée contre luy, feist mine de le frapper, Ainsi ne fut question
d'autre recepte : parce que de la grand
frayeur qu'il en conçeut, & ensemble
de la melancolie qui le tenoit, pour
auoir despensé tout son argent, s'en
alla rendre moyne, & demeuray auec
ce qu'il m'auoit acheté, me gauffant
de luy en tous endroits ou ie me trouuois.

Lamia. Pourquoy celà ?

Laïs. Pource que c'est grand contentement à vne Courtisane, quand
elle se peut vanter d'auoir fait à telles
gens quelque desplaisir, ou les auoir
trompez.

Lamia. Maudite soit l'enuie que i'ay
de ce faire.

Laïs. Que de deniers i'ay gaigné en
ce mode ! receuant les vns en ma maison, d'où ie chassois les autres. Mes

amis & pourſuiuans ſouppoient ſouuent auec moy, le ſoupper acheué, ie
leur mettois vne paire de cartes ſur
table, & leur diſois ioüez (Meſsieurs)
pour vn demy teſton de conſitures:
ſuppoſons que le ieu eſtoit, que celuy
auquel le Roy des picques eſcherroit,
perdroit, & payeroit les dragées & cō-
ſitures. Le ieu finy, & la collation faite,
les cartes touſiours demeuroient ſur
table, tellement que ceux qui voyoiēt
(eſtās ioüeurs) ſe pouuoient auſſi peu
tenir de ioüer que moy de faire trom-
peries. L'argent desbourcé, on com-
mençoit à ioüer à bon eſcient, & deuez entendre qu'entre eux ie tenois
deux Mattois qui contrefaiſoient les
Courtiſans, & qui en apparence ſem-
bloient eſtre ſimples, leſquelles d'entrée ſe faiſoient prier de ioüer: mais
temans en main les cartes (plus fauſſes
que ie ne ſuis) faiſans bonne pipée, at-
tiroient par ſubtilité à eux toute la
monnoye des conuiez: en quoy ie leur
ſeruois de beaucoup, attendu que nō-
obſtant que ie ſçeuſſe les cartes eſtre
fauſes, ie ne laiſſois d'abondant leur

monstrer par signe quel ieu auoient
ceux qui nous deuoient laisser la moü-
elle de la bource.

Lamia. Vrayement la trousse que
tu leur ioüois n'estoit point des pires
ores qu'ils fussent tes amis.

Lais. Lors que i'estois en Ferrare,
pour deux escus qui me furent presen-
tez, ie donnay aduis à vn certain personnage que son ennemy venoit deux
heures deuant le iour tout seul, coucher auec moy : à l'occasion duquel
rapport il vint à la mesme heure l'es-
pier, & le tailla en pieces.

Lamia. Pourquoy venoit-il à deux
heures deuant le iour?

Lais. Pource qu'à telle heure se
partoit vn autre de ma maison, qui n'y
pouuoit estre d'auantage. Mais penses-tu que si i'auois vn amy, qui cou-
chast auecques moy que iamais il fust
seul à prendre ce plaisir ? Ie me leuois
mille fois la nuict d'auprés de luy feignant auoir mal d'estomach, autresfois de vouloir descharger le ventre : &
cependant ie descendois en bas pour
contenter les vns & les autres qui

eſtoient attendans par la maiſon. En
eſté entrans les chaleurs, ie laiſſois
pendre mes cheueux, & me mettois
en chemiſe, faiſant quelques tours
par la chambre, puis me mettois à la
feneſtre quelque peu de tēps, deuiſant
auec la Lune, les Eſtoilles, le Ciel : dequoy il aduenoit quelquefois que ie
ſentois deux gallans pres de moy, au
lieu de celuy que i'auois laiſſé au lict.

Lamia. Tout ce qui eſt differé en
ces affaires, eſt perdu.

Lais. Il n'y a que douter en cela. Or
eſcoute encores ceſte-cy. Côme i'euz
deſtruict dix ou douze de mes amis,
tellemēt qu'il ne leur reſtoit plus que
me dôner, ie les portois, par maniere
de dire, ſur mes eſpaules, ainſi que
corps morts : c'eſt à dire (ſi bien tu ne
m'entends) qu'ils m'eſtoient à charge
& ſans proffit, parquoy ie m'aduiſay
de les renuerſer en la fange.

Lamia. Par quelle ſubtilité ?

Lais. Vn Medecin & vn Apoticaire,
miens amis, auſquels ie me pouuois
fier de quelque ſecret que ce fuſt,
entendirent vn iour (eſtans tous

deux en mon logis) que ie voulois cõ-
trefaire la malade, bien asseurée, que
tous mes amoureux se mettoient en
peine de me faire guerir : Parquoy
m'adressant au Medecin, luy dis : Ne
faillez (Monsieur) au plus tost que ie
seray allitée, leur dire que ie suis en
tresgrand peril, & cependant ordon-
nez medecines de grand prix. Et vous
Apoticaire, ne faillez à les faire bien
valoir, i'entens les bien saller & les
monter fort haut : mais au lieu d'elles
enuoyez moy quelque chose de peu
d'estime ou quasi de nulle valleur.

Lamia. Maintenant dis-ie que tu
sembles vn diable, si ainsi est qu'en ceste façon tu trouuas moyen d'attraper
l'argent que tes amoureux donnoient
au Medecin & à l'Apoticaire.

Lais. Vrayement tu as vn gentil
cerueau ! Et t'esbahis-tu de cela ? Escoute le surplus, ie te feray creuer de
rire : estans mes poursuiuans tous as-
semblez pour souper auec moy, qui
faisois semblant d'auoir l'estomach
empesché, & sentir de-tres-grandes
angoisses me laissay choir sous la ta-

ble. Ma mere qui eſtoit faite au badinage, pleurant ſur moy, auec grand'
douleur, feit à toute peine qu'ils me
portterent au lict ou là eſtant, elle &
eux me pleuroient comme pour mor-
te: Ce qu'obſeruant diligemment me
ſembla alors qu'il eſtoit tẽps de ioüer
mon perſonnage: pour à quoy paruenir ie tiray du cœur vn aigre & dou-
loureux ſouſpir, & portant les mains
à l'endroit de la poictrine, me prins à
pronancer auec voix foible & debile:
Confeſſion, confeſſion. A ces paroles ma
mere, laquelle cognoiſſoit mes ruſes,
faiſant l'effrayée & pleine d'angoiſſe,
dit qu'autrefois i'auois eu le meſme
mal: que c'eſtoit vne paſſion de cœur,
partant il falloit en diligence enuoyer
querir le Medecin tel. Elle n'eut pluſtoſt acheué de dire ce qu'elle vouloit,
qu'il y en eut deux, leſquels ſemblans
voler, bien informez par ma mere où
il ſe tenoit, le furent querir. Eſtant ar-
riué au logis, me taſta le poulx, auec
deux doigts, ſi doucement qu'il ſembloit pincerer les cordes d'vn luth: Incontinent il commanda qu'on m'oi-

gnit à l'endroit du cœur, auec certains
epitimes qu'il ordonna, puis s'approchant tout coyement de deux qui e-
stoient plus proches de luy, leur dit,
comme en secret, vsant de grande discretion , à fin de faire croire que ma
mere & moy ne l'entendions : Elle n'a
plus de poulx. A ce propos, quelques-
vns de ces rustres commençoient à re-
conforter ma mere, qui faisoit mines
de se vouloir ietter en vu puis: Les autres estoient à l'entour du Medecin,
tant qu'il escriuoit le Recipé, pour enuoyer querir les remedes. Si tost qu'il
eut acheué d'escrire la recepte , l'vn
d'eux la porta pour estre exploitée &
bien tost apportée à l'Apoticaire : lequel ne faillit à venir (suiuant ce que
nous auions comploté ensemble) les
mains pleines d'*Alagosos, & Diaforsoles,*
Qui pro Quo, & autres drogues necessaires à ce propos : lesquelles & plusieurs autres drogues il bailla au Medecin, à fin d'estre par luy veuës & ap-
pliquées. Ma mere se trouua fort empeschée à se deffaire de ces pauures
martyrs : pource que tous vouloiét de

meurer ceste nuict autour de moy, & coucher tous vestus pour me veiller, toutesfois elle trouua moyen de s'en despestrer. Le matin venu ils retour-nêt, & ramenerent encor' le Medecin auec eux, duquel ils entendirent pour toute resolution, que ie mourrois la nuict prochaine, s'ils ne me pouruoy-oient de remedes côuenables pour me côforter de cœur bien affligé. Il ordôna dôcques qu'on procurast d'auoir vingt cinq ducats Venitiens, & que d'iceux on feist vne decoctiô iusques àce qu'ils fussent côsumez en eau claire & pota-ble. Vn d'entr'eux qui me monstroit plus d'amitie print sa cappe & s'en alla les pourchasser, lesquels trouuez il les apporta & les dôna à ma mere, qui cô-me femme subtile qu'elle estoit les meit à poinct, dont aussi tost pourroit sortir d'enfer celuy qui y seroit entré, comme ces ducats estre retirez de ses mains. Bref ie feis en sorte que de la rubarbe, sirops, epitimes cordiales, ta-blettes, *manus christi*, iuleps, charbon, bois, volaille, *& visitation du Medecin,* me reuindrent entre mains plus de cent ducats.

Lais. N'estois-tu pas trauaillée de garder le lict sans estre malade?

Lais. Ie me fusse veritablemēt deffigurée si i'eusse esté seule au lict: mais le Medecin par vne nuict me frottoit les espaules, autresfois l'Apoticaire m'apposoit epitimes: puis chappons & bon vin n'estoient non plus espargnez que l'eau au moulin. A Rome ne se perçoit tonneau de vin, que ie n'en eusse la premiere peinte.

Lamia. Ha, ha, he?

Lais. Le marchand dont t'ay parlé, me faisoit entendre qu'il auoit grand desir d'auoir vn fils de moy: ce qu'ayāt entendu, arrestay d'en faire profit. De là en-auant me rēdis plus triste & melancolique que de coustume, & soir, & matin me tordois les bras &les mains, faisant milles gestes estranges: tellement que si ie mangeois deux bouchées de pain ou de viande, i'en reiectois quatre, disant qu'elles estoient a-meres. De ce indigné me regardoit du coin de l'œil, puis disoit à part soy: Or pleust à Dieu! Ie te dis verité, que si tost qu'il estoit sorty de la maison,

vn laboureur ou vn chaſſeur ne man-
geoient pas plus que ie faiſois , bien
qu'en ſa preſence ie fiſſe mine d'auoir
touſiours perdu l'appetit : Et vint ce
dégouſt à tels termes que ie ne goûtois
bouchée de ce qu'on ſeruoit ſur table.
Apres recommençay à me plaindre &
douloir , diſant que i'auois ſenty l'enfant remuer dans mon ventre : que i'a-
uois l'eſtomach deſuoyé , & que mes
fleurs n'auoient plus leur cours, ce que
ie luy fis dire par ma mere , laquelle
l'aſſeura que i'eſtois enceinte : comme
auſſi le Medecin, mon ſecretaire con-
firma le tout eſtre vray. Ce marchand
de ce ioyeux au poſſible, ſe mit à chercher des comperes & commeres , &
achepter des chapons pour engreſſer,
pouruoir la ma maiſon de formage, de
porc ſalé, de charbon, dd beurre, de chā-
delle, d'huile : côme auſſi ne ſe trouuoit au marché fruit nouueau qu'il
n'acheptaſt & fiſt apporter en diligence, quand on luy en euſt demandé vne
de ſes oreilles en payement , tant il e-
ſtoit curieux que ie n'euſſe faute de
quelque choſe, ou bié que i'euſſe oc-
M

casion de me plaindre que peusse mal
deliurer. Aussi ne consentoit-il que ie
fisse aucune besogne de mes mains: ne
mesme aller de lieu en autre, que ie
portasse les mains iusques à la bouche,
ne que ie prinsse la peine de dire mes
Pate nostres. Pour fin de comte, il me
donnoit à māger de sa main, m'asseoit
& me leuoit: bref on eust peu creuer
de rire de le voir pleurer lors que ie me
plaignois. Vn iour entre-autres, il se
print à souspirer tant & si tendrement
que ie ne pensois rien moins sinō qu'il
se mourroit de dueil & ce seulement
pour m'auoir plusieurs fois ouy pro-
ferer ces paroles: *Seigneur, à tout le
mains si ie meurs en trauail, ie vous recommande nostre petit enfant.* Deslors fis
mon testament par lequel ie le delais-
sois heritier. L'animal fut si aduisé
qu'il fit leuer iceluy des Notaires, &
le donna à lire aux vns, & aux autres:
puis leur dit, Regardez si ie n'ay pas
raison de vouloir du bien à ceste femme? L'ayant entretenu de telles, &
telles menteries plus de deux mois entiers vn iour entre autres fis semblant

estre tombée, & que de la cheute ie
m'estois tellement blessée que ie n'a-
uois senty depuis remuer cest enfant.
Puis priay ma mere qui estoit des
mieux entenduës, & experimentée en
cet affaire qu'elle ne fist faute de mettre en vn bassin plein d'eau tiede, la for
me d'vn aignelet nouueau nay, tellement patronné, qu'il n'y auoit hôme
qui le voyant n'eust iuré & asseuré que
c'estoit vn enfant. Ce qu'ayant apperceu, se print à arracher la moitié de sa
barbe, demenant vn grand dueil; &
plus encores quand ma mere luy fit
entendre que c'estoit vn masle, & qu'il
luy ressenbloit merueilleusement biê,
tant auoit les iambes longues & bien
faites. Ainsi despendit ne sçay com-
biê d'escus à le faire enterrer, & se vestit d'habits de dueil, publiant par tout
que le plus grand desplaisir qu'il em-
porteroit de ce monde estoit de ne l'a-
uoir peu faire baptiser solennellement
& à grand'-pompe.

Lamia. Voila pour rire : mais conte
moy qui fut le pere de ceste creature
nouuelle?

Lais. Pour t'en dire la verité ce fut vn Belier. Apres parlons d'autre maniere qui te donne plus de contentement.

Lamia. Ie le veux, Comme il te plaira.

Lais. Il faut donc que tu sçaches que debatant par plusieurs iours en en mon cerueau en quelle forme & maniere ie pourrois faire prouision pour vn temps d'aduersité, ie m'aduisay d'vne chose assez proffitable pour vne Courtisane qui pense s'emplumer à toutes mains soit auec le peu, comme auec le trop. Pour le te donner à entendre, iamais homme ne couchoit auec moy sans y laisser de son poil, fust chemise, coiffe, souliers, chapeau, espée, gant ou mouchoirs, qui demouroient à reculer : brief, tout ce que ie pouuois gripper estoit perdu pour eux & de tout cela ie faisois monstre en ma maison. Ie faisois amitié auec des vinaigriers, fruitiers, comme aussi auec ceux qui vendent le miel rosat, les raisins de passe, figues, voire iusques à ceux qui vendent la paille, tel-

lemeht qui auoit debat entr'eux à qui
seroit le plus priué de moy.

Lamia. Pourquoy?

Lais. Pource qu'appuyée sur ma fenestre, lors que tels chalands passoiét
deuant mô logis, i'achetois de ce qu'ils
auoient, bien que ie n'en eusse affaire, afin que les mignons qui estoient
pres de moy, le payassent, leur faisans
donner beaucoup plus que la valeur
de leurs denrées, pour les tenir con-
tents & obligez enuers moy: tellemét
que nul ne pouuoit entrer en ma maison, qu'il ne luy coustast pour le moins
vn real, & demy ou plus: somme qu'il
falloit qu'il lui coustast quelquel chose.
Si d'auéture côme l'occasion se presé-
toit que ie fusse occupée à deuiser auec
quatre ou cinq amoureux, ma seruante (faire au badinage) disoit venir d'a-
cheter quelque chose, tellemét qu'é-
bouchée de ce qu'elle denoit faire, entroit en la chambre, & disoit, Madame ie n'apporte rien, parce que ie n'a-
uois assez d'argét. Moy faisant la courroucée, luy disois alors: Hé! mal'heureuse que tu es; n'y auoit-il là per-

sonne qui te prestast autant qu'il y a-
uoit à dire ? combien s'en failloit-il,
voyons . Elle repliquoit , seulement
quatre sols. Adonc ie me mettois à ca-
resser le plus prochain de moy , & luy
disois : N'y a-il point icy quelque hô-
neste homme qui me preste vn demy
teston ? Et alors celuy se tenoit en
moindre reputation qui estoit le plus
tard à me donner, tellement que bien
souuent i'en receuois quatre ou cinq,
de chacun le sien : De ceste maniere
ma seruante apportoit tous les iours à
ma mere les mains pleines de lin, de
linge, & autres choses qui s'achetoient
de ceste bonne monnoye , & se trouuoit tousiours quelqu'vn qui payoit le
tisserand. Si tost que ces bonnes gens
estoient partis les autres venoient, côme est la coustume : ce que tirant en
pratique , leur faisois dire que i'estois
occupée , tellement que ie n'ouurois
l'huis qu'à vn seul, auec lequel ie faisois
bône mine & gaillard entretien, lequel
(pour ceste courtoisie , insinué tout
outre en ma bonne grace , comme il
luy sembloit) ce mesme iour m'en-

uoyoit coultis, couuertures, foye pour
ouurer, chaire à docier, ou quelque
autre chofe de beau & bon qu'il eut.
En recompenfe dequoy luy promet-
tois de venir coucher auec moy. A ceft
effect enuoyoit treſbien à fouper, où
ne faifoit faute s'y trouuer, pour par-
ticiper de ce qu'il auoit enuoyé: mais
ſçachant qu'il feruoit de maiftre d'ho-
ftel, allant deuant les plats, les re-
tenant, luy enuoyois dire qu'il fift
vne pourmenade, laquelle il faifoit
affez courte, puis reuenoit: auquel de
rechef faifois dire eftre encores occupée, & qu'il fe deuoit encor' vn peu
pourmener. Cóme ie l'eſ efcóduit ainfi
par deux fois, il reuint pour la troifief-
me: mais on ne luy refpódit rien, parquoy il commença à crier & faire le
mauuais garçon, m'appellant putain,
truye, & plufieurs autres iniures, iurant, *Par la maffuë Sainct Chriftofle,*
qu'il me feroit acheter cher la trouffe
fe que ie luy faifois. Moy accópagnée
d'vn autre, tout en riant fouppois à
mó aife de ce qu'il auoit apporté: vray

M iiij

est que l'entendant ainsi crier luy dis-
Tien toy là si tu veux, criad, & ne te
chaille de moy.

Lamia. Comment te pardonnoit-il
vn tel tour, s'il estoit homme quelque
peu de cœur ou de qualité?

Lais. Eust-il esté tel qu'il eut peu
estre, ie m'en souciois beaucoup : *Qui
se soucie, malencontre luy vient, & qui a
peur, il perd.* Il estoit trois ou quatre
iours en cest ennuy, puis amortissant
vn peu sa colere ne se pouuoit garder
d'y retourner, pour le respect de ce
qu'il auoit donné : disant par grande
dissimulation qu'il me vouloit dire
quelques paroles. A quoy, subit ie luy
respondois qu'il m'en pouuois bien
dire vingt mille, & que ie les es-
couterois. La porte ouuerte & estant
mōté en haut, où il flairoit les odeurs
& parfuns, disoit : Ie n'eusse iamais
creu (Madame) que vous m'eussiez
voulu iouer vn tel tour. Alors, ma vie,
(luy disois-ie) vous deuez croire que
ie n'ayme ny ne veux aimer autre que
vous, qui se plaist en ma memoire : Si
vous sçauiez de quelle importance il
m'estoit

m'estoit que i'allasse ceste nuict hors
la maison, vous approuueriez plustost
ce seiour, que ne m'en donneriez blaf-
me. Et si ie n'ay pas ceste opinion de
vous que deuiez souffrir de moy quelque legere faute, voyons ie vous supplie de qui la pourroy-ie apprehender?
Ie sçay bien que comme vous estes
malicieux, vous auez pensé peut-estre
que i'estois allée en la maison de quelque Aduocat ou Procureur, à consul-
ter sur quelque procés ou contention.
En cela ne vous estes point abusé.
Proferant ces paroles, ie m'appro-
chois de luy & l'embrassois, le faisant
plorer, tellement qu'on eust dit que
ie luy arrachois le cœur du ventre, &
de sa propre volonté : en sorte qu'il
perdoit toute la rancune qu'il me portoit, puis s'en alloit de moy aussi doux
comme vn agneau.

Lamia. Ie dy qu'on s'oublie grandement de ce qu'on ne t'ordonne faire leçon publique dans Paris.

Lais. Tu te mocques de moy.

Lamia. Non fay en verité, ains veux
maintenir que le merites, autant que

la plus docte qui auiourd'huy viue.

Lais. Ie veux donques que tu me prestes encore audience, & tu orras par quel moyen ie vint à estre riche. Il y auoit vn gentil-homme qui mouroit sur les pieds, de l'amour qu'il me portoit, tellement que me voulant mener auec luy, pour deux ou trois mois, à vn sien heritage, ie fis courir le bruit par toute la ville de Venise, ou i'estois pour lors demourante, que ie m'en allois hors de la ville : comme aussi ie manday appeller vn crieur, qui fit vente à l'encant tous les menus meubles & vtensiles que pouuois auoir : Vray est que ceste vente ne se fit point sans vn tres-grand regret & ennuy d'autres amoureux qui m'affectoient, lesquels neantmoins ne peurent tant gagner sur moy, que ie ne misse mes deniers en banque, à leur deçeu, comme aussi du galand qui m'emmenoit.

Lamia. Pourquoy vēdis-tu les meubles de ta maison ?

Lais. Pour les rendre de vieux nouueaux. Comme ie fus de retour en la ville, mes galāds venās de toutes parts

me vifiter, en intention de me pouruoir d'autres neceffitez eftoient auffi
drus que les fourmis qui portent le
froment en leur formiliere.

Lamia. Certes les maux que tu faifois à ces miferables, eftoient occafion, que peut eftre, qu'ils ne te
croyoyent.

Lais. Ie ne nie point que tous les
Arts & fciences ne fe cherchent que
pour argent, voire iufques à faire aux
pauures amoureux mãger noftre fien-
te en medecine, & boire noftre eau
pour fouueraine. Qui plus eft, ie co-
gnois vne Courtifane, dont ie ne veux
dire le nom, laquelle perfuadée qu'vn
quidam iroit apres elle, luy donna à
manger chofes puantes & ordes.

Lamia. Tais toy : car fi tu pour-
fuis plus outre, il ne me demeurera
trippes au ventre que ie ne iette dehors.

Lais. Efcoute donc. Auec vne chã-
delle compofée de graiffe d'hõme, i'ay
fait vne experience, laquelle i'ay trouuée bonne pour certaines maladies,
& autres chofes, tellement que les

forcelleries & enchantements que tu
foulois faire auec herbes feiches en
l'ombre, fumées decordes de pendus,
ongles de trefpaffez, auec paroles dia-
boliques ne font qu'vn peu de vent, au
refpect de ce que ie fçay faire, & le te
decelerois , s'il m'eftoit licite te le
dire.

Lamia. Tu dois donc auoir la con-
fcience fort eftroite , voire telle que
celle de Meffire Chapelet.

Lais. Ie ne veux point que tu me tié-
nes pour hypocrite : ains te veux dire
& dois tenir pour chofe veritable que
i'en fçay plus que tous les Philofo-
phes , Aftrologues , Alquimiftes, &
Nigromantiens qui iamais furent:
mefmes qu'ay fait experience de toutes herbes qui font és prez , comme
auffi de toutes paroles qui fe difent és
marchez. Ne fçais-tu point que par
tels moiens i'ay fçeu efmouuoir le
cœur d'vn homme , qu'en l'oignant
feulement de ma faliue, l'ay fait deuenir fi breuftement muet, qu'eftant a-
moureux de moy, il demeuroit fiché
fur les pieds, me regardant comme vn

Idole, bien qu'il fuft homme accouftumé d'aller chacun iour au change?il
n'euft peu neantmoins regarder vne
autre femme au vifage, tandis que ie
le voulois ainfi tenir.

Lamia. Voyez vn peu en quoy con-
fiftent les fecrets d'enchantemens.

Lais. Tout cela ne gift qu'au cerueau des viuans : cerueau dis-ie, qui a
la mefme force de fçauoir attirer l'argent des miferables, & alterer les fens
de ceux qui font les plus aufteres &
retirez.

Lamia. Si les fens ont mefmes forces qu'ont les deniers, ils ont plus
d'efficace que n'euft Ronceuaux de
bon heur, quand en ce lieu moururent
les douze Pairs de France.

Lais. Plus, beaucoup certes. Mais
pourfuiuons noftre propos : Efcrits
cefte rufe en ta memoire, tu ne la trouueras mauuaife. I'auois vn amy autant
colere qu'homme qui fuft, liberal en
defpence, & qui neantmoins n'auoit
beaucoup dequoy : tellement qu'à la
moindre picqueure d'vne mouche, &
encores pour plus petite occafion, ne

pouuoit contenir de me dire vn grãd
nombre de vilenies, me deshonorant
en mille lieux. Vray est que ceste chau-
de passée, se mettoit à genoux deuant
moy, & (les bras croisez) me demandoit pardon, ce que ma gentillesse luy
octroyoit, soubs penitence puisée en
sa bourse. Estant aduisée qu'il donnoit volontiers ce qu'il auoit,ie le fis
venir en vn extreme desespoir : mais
par quel moien, si bien y penses? Ie me
leuois d'aupres de luy, & m'en allois
auec vn autre coucher , & bien qu'il
fust pire que luy , me paya au double.
Reuenus, que nous estions en bonne
conformité & racointez par amitié,
commençois à feindre ne le vouloir
plus veoir , ny ne vouloir auoir que
faire & souder auec luy , parquoy il fit
partage auecques moy de tout ce qu'il
auoit, & par ce moiẽ il paruint àla paix.

Lamia. Tu faisois donc auec luy ainsi
qu'vn vilain faict à l'endroit d'vn chacun, qu'il importune tant qu'on luy
donne des soufflets ou ballaffres, à fin
de tirer vingt ou trẽte escus dela bource de celuy qui les luy donne. Ainsi se

gouuerne celuy qui cherche toutes les occasions pour faire tresbucher son aduersaire en ruine.

Lais. Ie veux bien que tu sçaches que cestuy-cy estoit de ceux qui plus cherchoient à m'affiner, bien que le plus grand gain ne gisse tousiours en tel affaire. Pésoit-il que pour auoir decelé à son côfesseur sept ou huiçt pechez veniels, il eust du tout acquité sa conscience? La plus simple Courtisane du môde en cômet cent en vne heure: Si tu veux le tout bien considerer, regarde combien sera vne d'entre nous empeschée, quand pour couurir son vice, sera côtrainte en descouurir mille des estrangeres. Ma sœur Lamia, la gloutônie, la râcune, & l'enuie nasquirẽt le iour que nasquit paillardise. Si tu veux donc entendre côme vne buissô-niere engloutit toutes choses, côsidere vn peu ce qu'elle fait despendre en banquets & en masques. Si d'auantage tu veux cognoistre comme elle sort enragée de sa maison: Ie dy que si en vn moment elle pouuoit embaraser tout le monde, elle le feroit.

N iiij

Lamia. Il ne faut point douter de cela.

Lais. L'arrogance d'vne d'elles, surpasse celle d'vn riche vilain : son enuie est plus dangereuse que n'est la verolle, laquelle penetre iusques aux os.

Lamia. Fay moy maintenant tant de plaisir (puis que ie t'en ay autrefois prié, & qu'ainsi faire le m'as promis) que ne me ramenes plus ce mal en memoire, autrement tu m'auras pour ennemie.

Lais. Pardonne moy, ma sœur, ie ne me souuenois que fusses de ce tourmentée. La paresse d'vne femme folle & legere est plus mordante & nuisible que la melancholie d'vn Maistre d'hostel qui a seruy vingt cinq ou trente ans, puis se voit défauorisé de son Seigneur, sans auoir vn liard que despendre. L'auarice de telles galieres est du tout semblables à celle d'vn riche auaricieux, qui a farcy son ventre & son appetit de maints bons morceaux, pédant que de ce qu'il a peu espargner, faisant ainsi l'alquemie, il l'entasse auec autrres deniers qu'il tient en sa maison.

Lamia. Et la paillardiſe d'vne femme eſt elle dangereuſe? En quel degré
la mets-tu?

Lais. Ma ſœur, Lamia, Qui touſiours boit n'a iamais ſoif : il aduient
peu ſouuent que celuy ait faim, qui eſt
touſiours à la table pour manger. Si
quelquesfois les hommes nous rem-
bourrent le bas, deſlors nous repre-
nons appetit, gouſtans à ſaueur ceſte
douce choſe, laquelle ſemble renaî-
ſtre par nouueauté. Ainſi en vſe la fẽme enceinte mangeãt d'vn fruict im-
maturé & verd, voire de la chaux atti-
rée d'vn mur. Ie te iure, ainſi Dieu me
donne l'aduenture que ie cerche, ſi la
luxure n'eſt la choſe qu'eſtimons le
moins, ayant eſgard que noſtre pen-
ſée n'eſt autre choſe qu'à tirer de tous
le cuir & les courroyes.

Lamia. En bonne foy ie te croy.

Lais. Auſſi m'en peux tu bien croire : car ie ne te diray rien qui ne ſoit
vray. Ainſi m'ayde la verité, ſi vne
fois ſeulement, ains plus de cent, ie
me ſuis retenuë plus de ſix heures, voire vne nuict entiere, auec vn homme,

tellement que s'il parloit à moy cinq
cens fois, autant de fois luy rēdois responce si fantastique & tant hors de
propos, qu'il s'en troūua quelques
vns tant priuez de leur sens qu'ils cui-
doient que ie perdisse le iugemēt pour
les aymer par trop.

Lamia. Plustost penserois-ie que
l'ardeur du chaud te faisoit resuer, s'a-
insi estoit que fust en esté.

Lais. Si n'estoit-ce ne l'vn ne l'autre : car quand quelqu'vn entroit en
ma maison pour coucher auec moy
l'aspresdinée, ou la nuict, il estoit cause
que mon sens & fantasie n'estoient occupez à autre chose qu'à aller par les
boutiques des lingeres, & courir à la
fripperie. Pense, ie te supplie, comme
ie disois à par moy, Ce rustre me lais-
sera à son depart dix ou douze escus
pour le moins : Si ie les touche vne fois
entre mains, ie m'en vay droit au maistre de la maison & luy en donneray
trois sur le terme prochain qui n'est
encore escheu, à fin qu'il les tienne
pour receus quand il sera passé. De là
m'en viendray par la boutique de mō

linger, & luy donneray, sur bon compte, vn autre escu, sur les fustaines qu'il
m'a baillées à credit : àfin que par ce
moyen i'entretienne les marchands
à me prester plus volontiers. Ainsi feray-ie aux autres àqui ie dois:parquoy
changeray ma cotte à vne autre plus
gaye. Et peut-estre que ie feray mettre vn bord de velours à ma vertugale,
& s'il me viẽt en fantasie i'achepteray
quatre mines de froment : ce n'est
point mauuaise prouision : car cela
fera cause que ma mere cuira du pain
qu'elle enuoyera vendre par ma seruã-
te, & le gruyau de la farine nous demeurera pour neant, & suffira pour
nostre prouision. D'auantage les belu-
tant, se trouuera tousiours quelque
chose pour nourrir les poulailles. Si
d'auẽture il y a presse,& qu'il se vende
auant qu'il soit hors du four, là est le
gain & profit:pource qu'il n'est assez
cuit. Ainsi ma sœur (mamie) quicõque
est appris de telles considerations, ne
peut auoir son affectiõ ailleurs,ny tenir compte du peché de luxure, &
non seulement perdrois le temps en

telles pensée : ains aussi en autres plus
grandes resueries.

Lamia. Aten vn peu, ne t'est-il iamais aduenu que tel compte se soit
trouué faux & contraire?

Lais. Ouy, & assez souuent : car s'il
se fust trouué iuste & sans faute, où est-
ce que i'eusse logé si grande quantité
de deniers, que i'eusse assemblé, veu le
grãd nombre de gens qui abordoient
en ma maison ? S'il aduenoit que le
pain fust cher au marché, i'auois lors
telle & si grande presse que rien plus.
I'oubliois à te dire le pire du compte :
c'est que tout ainsi qu'aucuns venoiẽt
qui produisoient monnoye comme
paille, aussi en y auoit il d'autres si re-
bours & faschenx, qu'à force de iurer
qu'ils auoient oublié leurs bourses au
logis, eschapoient la saignée, s'exem-
ptans pour ce coup. Autres, s'ils estoiẽt
marchands, disoient que ce iour là les
bancques ne s'estoient ouuertes que
bien tard, & qu'ils n'auoient peu si lõ-
guement attendre, partant passoient
francs sans payer. Toutesfois s'ils retournoient faire l'amour (les remar-

quant) ie leur iettois telle amorce,
que force leur estoit de payer le viel &
le nouueau, voire iusques à me satisfaire du plaisir & contentement qu'ils
auoient receu, se mocquans de moy.
De ce, i'ay souuentesfois fait preuue,
disant, comme en passant : Si celuy la
me donne quelque chose, i'achepteray cela, ou feray cecy : s'il ne me donne rien, ie feray autrement . Ainsi le
temps couloit en ces deliberations,
sans ce qui se passoit tant en leur presence que s'ils eussent esté à cinq cens
lieuës loing de moy : de maniere que
ie vien à conclure derechef ce que i'ay
dit cy deuant, & est, que la paillardise
n'est point le plus grand mal que nous
commettons : parquoy tu peux pen-
ser quels seront les autres. Mais à propos, ie te prie de grace que tu sois attentiue à mille galātises que ie te veux
reciter en cest endroit.

Lamia. Dy les hardiment, car encores que ie t'escoutasse iusques à de-
main, ie n'en reçoy aucun desplaisir :
mais au contraire grande delectation
& contentement.

Laïs. Il y en auoit entre autres, trois
qui me faisoient l'amour, l'vn desquels
estoient Peintre, & les deux autres Escuyers, & auoient entr'eux pareil accord, qu'il se voit entre chiés & chats.
Vn iour leur ayant donné à tous trois
assignatiõ de venir à vne mesme nuiᵉ
en ma maison, sans que l'vn sçeust rié
de l'autre: aduint que le Peintre se pre-
senta le premier, heurtant à ma porte,
laquelle luy fut incontinent ouuerte,
parquoy de ce pas il monta les degrez:
Ainsi que ie me voulois seoir pres de
luy, voicy venir vn des Escuyers, qui
se faisãt cognoistre à la parole, me dõ-
na occasion de dire au Peintre qu'il se
retirast, pendant que i'allois au deuant
de luy. L'ayant rencontré, la premiere
parole qu'il me dist, fust : Le diable ne
fera-il point maintenant que ie trouue
ce meschant & malheureux Peintre,
pour luy frotter les eschines à coups
de bastons : & n'estant ouy du Peintre
pour les paroles que i'entremeslois,
ioüy le troisiesme amoureux qui se
print à siffler, & faire cognoistre le signe d'entre luy & moy: Puis recõmça

pour la seconde fois, voulant estre entendu, & que ie luy fisse ouurir. Ce que
consideré, & aussi quel moyen ie tien-
drois pour le faire entrer, sans que les
deux autres qui estoient en la maison,
en fussent aduertis, me resolus luy ouurir, tellement que ie fis mettre le se-
cond au lieu où le Peintre estoit assis:
& comme ce troisiesme fut monté, les
premieres paroles qu'il me dit, furent:
Ie pésois (Gorriere) trouuer icy quelques vns de tes amis, s'ainsi fust aduenu, & que ie l'eusse rencôtré en ce lieu,
il n'y auroit remede en son faict qu'il
ne mourust par mes mains. Et pour
telles paroles nonobstant ne laissa d'e-
stre gelinote: car estât ouy du Peintre,
qui ne sçauoit que l'autre Escuyer fust
au lieu où il estoit, ny l'Escuyer de luy
pareillement, saillirent tous deux hors
en mesme instant, desireux cognoistre
quel estoit celuy qui estoit entré auec
telle brauade. Le dernier venu, voyant
venir les deux autres sur luy , delibera
ce retirer à vn coing de la chambre,
pour s'y rendre plus fort: mais il n'ad-
uisa si bié à ses pieds, qu'il ne tombast si

lourdement en terre, qu'il se meurtrit
tous les reins. Les deux autres, cole-
rez qu'ils estoient descendirent apres
luy: ainsi tous trois qui soudain se vou-
loient mal, cõmencerẽt vne dure meslée, au bruit de laquelle vindrent plusieurs voisins, qui neantmoins ne pouuoient entrer pour les departir, attendu que l'vn estoit appuyé des espaules
contre la porte. Cõme le bruit crois-
soit par dedans, & que le peuple mul-
tiplioit par dehors, le malheur voulut
que le gouuerneur passast par deuant
ma porte: lequel s'arrestant au bruit
qui se faisoit, commanda que la porte
fust mise par terre, & deslors les fit
empoigner tous trois, & de ce pas les
coffrer en prison, tous ords & sanglans
qu'ils estoient, ordonnant qu'ils fussent en vn mesme cachot, iurant qu'ils
n'en sortiroient jamais qu'ils ne fussent amis, ainsi qu'ils ont esté depuis.

Lamia. Par mon pucelage, ceste là
ne fust point des pires de la couuée.

Lais. Pense donc si elle fut bonne,
puis que ie la contois à tous les estrangers qui venoient en ma maison: ie fus
certes

certes en branſle d'en faire dicter vne
chanſon ſi ie n'euſſe douté eſtre tenuë
pour glorieuſe.

Lamia. Dieu te le rende.

Lais Ainſi ſoit-il. Comme en ce qui
s'eſt paſſé, i'appreſtois à rire pour tous,
de meſme les fis-ie pleurer, en ce que
maintenant te diray ſans mentir, qui
eſt, qu'eſtant à Rome au temps de
mes proſperitez, & richeſſes, & és
temps meſmement que ma perſonne
eſtoit en plus d'eſtime & reputation,
comme auſſi en la fleur de mon aage,
i'imaginay me rendre *Beate recluſe*, au
champ S. Antoine.

Lamia. Pourquoy non à S. Pierre,
où à Sainct Iean de Latran, ou en
maintes autres Egliſes qui ſont à
Rome ?

Lais. Parce que mon intention
principale eſtoit d'eſmouuoir mes a-
moureux à pitié, me voyant approcher pres de tant de monceaux d'oſſe-
ments de treſpaſſez.

Lamia. Ce fut bien aduiſé à toy.

Lais. Preſumãt du nom que ie porte,
ie commençay à mener ſaincte vie.

O

Lamia. Auant que tu m'en comptes d'auantage, ie desirerois sçauoir comme tu entras en telle frenesie de vouloir estre *Beate recluse.*

Lais. Ce fut en intention de me faire tirer du cloistre aux despens de tous mes poursuyuans.

Lamia. Voire, voire.

Lais. Deslors ie commençay à chãger de vie, comme de premiere rencõtre ie mis ma tapisserie par terre, & ployay mon lict de camp. Le iour suiuant, ie commãday serrer la table haute sur laquelle ie soulois manger & boire: puis vestuë d'vne robbe de bureau, sans aucune garniture, ie quittay la chaine, la gorgerette, les anneaux & autres ornemens & parures que ie portois. Puis fis semblant de ieusner sans cesse, & que ie ne mãgeois qu'vne fois le iour, reiettant la conuersation d'vn chacun, sans souffrir que mes amis me visitassent. Ainsi ie leur faisois de iour à autre entendre l'amendemēt de ma vie, dont ils se desesperoient en eux-mesmes. Comme le bruit fut espars par tout Rome que ie me voulois

rendre recluse, ie tiray tout le meilleur
de mes meubles, & le mis en lieu seur,
donnant pour l'honneur de Dieu
maintes autres petites hardilles de nulle valeur : Et quand il me sembla qu'il
fut temps & heure de ioüer mon rool-
le, ie fis appeller tous mes amis, lesquels ja pensoient demeurer orphe-
lins sans moy, bien qu'il eust esté beaucoup meilleur pour eux ne m'auoir
iamais cogneuë : Ie les priay d'eux
seoir, & estant assise entr'eux, m'estant
tetenuë de parler par quelque espace
de téps, ie cómençay à discourir & resuer en mon cerueau certaines paroles
que i'auois autresfois entenduës d'eux
en secret, faisant premierement mon-
tre de plorer à chaudes larmes, &
puis leur disois: Mes freres quiconque
ne pense és biens de l'ame, semble n'en
auoir point : ou s'il cuide en auoir, il
ne vise pas à ce qu'il conüient pour sa
aluation. Quant à moy, i'y veux entendre, au moyen dequoy ie vous fay
çauoir que ie suis cóuertie par la pre-
dication d'vn frere lay, lequel m'a faict
ecture de la vie & legéde de la Magde-

Iene, chose qui me fait tomber en grand' crainte & espouuantement de l'enfer : I'ay veu ceste Saincte en peinture, qui coniure par sa penitence le repaire des mal-heureuses comme moy (encor' que mes pechez soient en si grand nombre , que ie dois sur toute chose craindre mon Dieu & sa Iustice : Partant (mes freres) ie veux enserrer ceste chair en estroitte prison. Les pauures amoureux entendans ces propos, se meirent à voir en moy si grande deuotion, telle qu'ont accoustumé faire les deuotes personnes, qui ne se peuuent contenir de souspirer, entendans prescher la passion de Iesus-Christ. Et poursuiuant ma harangue, plorant à chaudes larmes , leur dis : Ie ne ne veux plus (mes freres) aucunes pompes, ie ne veux plus d'atours, ie ne veux plus de paremens de maison : Ma maison parée, par singuiarité, sera vne petite maisonnette desnuée de tous ornemens & tapis : mon lict sera vn faisseau d'estrain mis sur vne natte : mon manger, la grace de Dieu, & ma boisson, eau de pluye. Eh lieu de mes habits d'or & de soye que ie soulois porter, ie prendray vne haire aspre & grossiere, & l'ayant expres pour cest effect, la leur monstray. I'estois là escoutant les plaintes que faisoient mes amoureux, lesquels se pasmoient de douleur, & par fois deuisoient les vns aux autres de leurs fortunes. Mais quand ie vins à leur dire (Mes freres) ie vous demande pardon : alors ils se mirent à ietter d'aussi grands cris que l'on eust peu faire en Rome, si elle eust esté derechef saccagée:& aduint qu'vn grand asne d'entr'eux, se iettant à mes pieds, me pria changer ceste pensée, & voyant que de rien ne luy seruoit sa priere, il s'en alla hurter plusieurs fois de la teste contre la paroy.

Lamia. Iesus, Iesus, Hé quel grand peché !

Laïs. Le matin venu que ie deuois entrer en la closture, tu eusses iuré que toute Rome estoit en l'Eglise du *Campo sancto,* tant y abordoient de gens qui s'y rendoient de toutes parts, auec autant de ferueur & de deuotion, comme quand on va pour gagner quel-

ques Indulgences . Et dois sçauoir
pour chose toute seure qu'a ceux aus-
qu'els dés le soir on a prononcé la sen-
tence, suiuant laquelle ils doyuent e-
stre au lendemain executez & punis
de mort, ne peuuent estre plus tristes
& troublez en leurs cœurs, qu'estoient
alors mes amoureux, & ne te puis dire
entieremét tout ce qui se passa en ceste
affaire, pour n'estre en mon discours
trop prolixe . Finalemét ie fus enfer-
rée auec vn bruit & rumeur de tout le
peuple, qui disoit, Dieu l'a appellée à
penitence. Les autres disoient, ô quel
bon exemple elle a donné de soy, qui
eust iamais creu telle chose ? aucuns
tenoient cela pour impossible , autres
estoient remplis de merueilles , & les
autres se rioyent, disans , Ie veux estre
pendu s'elle accõplit le mois en ceste
deuotiõ. Ce fut chose, certes digne d'e-
stre notée, que de voir les pauures miserables en l'Eglise, cherchans le moyé
de parler à moy, & te iure pour verité,
ma sœur, Dieu me deliure ainsi du mal
que tu sens , que iamais prisonnier de
leze Majesté ne fut mieux gardé comme ie fus d'eux. En fin, quelques iours

paſſez, ie commẽçay à preſter l'aureille
à leurs petitions, par leſquelles ils me
ſollicitoient & exhortoient à toutes
heures ſortir de ce cloiſtre, me diſans
que l'ame ſe pouuoit ſauuer en tout
lieu. Si biẽ que pour t'en dire la verité,
ils m'enleuerent & me garnirent & e-
quiperent vne maiſon de nouueau, où
ie m'en allay demeurer ſi toſt que i'en
fus ſortie. Concluſion, i'en ſortis auec
meilleur maintien & trongne que iamais, tellement qu'vn chacun rioit dãs
Rome de tel acte, principalemẽt ceux
qui eſtoient attendans quelle fin pren-
droit vne telle deliberation : Puis diſoient les vns aux autres (rians à gorge
deſployée) Que vous ſemble de ce que
ie vous en ay dit ?

Lamia. Ie ne ſçay quelle femme
pourroit aduiſer en ſon eſprit les inuentions dont tu vſes.

Lais. Les Courtiſanes ne ſont pas
fẽmes, ſi bien tu le ſçais, mais pluſtoſt
vrais diables : Ie te veux aduertir (ma
ſœur bien-aymée) qu'vne mauuaiſe
fẽme tiẽt touſiours en ſon cœur vn ai-
guillõ qui la fait viure mal cõtente. Et

te confesse que pour vne Lais qui a
sçeu se preualoir & faire son profit, il
s'en est trouué mille qui sont mortes
és Hospitaux. C'est pourquoy Maistre André maintient que les Courtisans & Courtisanes sont & doiuent e-
stre mis en mesme degré . Cecy est
l'aiguillon ou esperon que ie t'ay dit
nous espoinçonner l'ame : l'ame (dis-
ie) qui est plus que le cœur, puis qu'elle nous rend imaginatiues , ou pour
mieux dire fantastiques , pensant ce
qu'il sera de nous & que ie deuiendrós
en nostre vieillesse : si nous aurons
charge de quelques lampes , de faire
pelerinages ou neufuaines , ou bien si
trouuans quelque garcette de bonne
trongne la prendre pour fille, la pre-
nans d'aage telle que deslors elle puisse
donner fruict à sa nourrice.

Lamia. Hé *!* combien ay-ie veu
d'exemples de tels euenemens?

Lais. I'en ay veu d'auantage que tu
n'as, car i'ay veu qu'elles se sont don-
nées desplus magnifiques noms qu'elles ont peu rencontrer, lesquels comme elles changent chacun iour , les
estrangers

estrangers ne peuuent iamais deuiner
quel est le leur propre , parce que
maintenant elles s'appellent Margue-
rite, tantost Madelaine, apres dame
Pauline, dame Villemanoche, &c. à
l'occasió seulemét qu'il y aura passé vn
Seigneur ou Gentil-homme par la ruë
où elles demeurêt, qu'elles les auront
ouy porter vn tel nom. Tu les verras
auec plus de Madame sur leur chap-
peron, que n'as beu de fois d'eau de
gajac: tellement que pour vne que tu
trouueras qui ait sa mere, cóme ie l'ay
eüe, & est celle que tu as cognüe, il y
en a vn milion d'autres tirées du ber-
ceau, des tauernes & maisons d'autruy, dont on ne pourroit seulement
deuiner qui fut le pere, ou s'elles en
ont eu, veu qu'elles sont de la façon
des Mandragores. Quant à nous autres, si bien tu y prens garde, ne cessons
de publier que nous sommes filles de
Seigneurs, chose toute mensongere
& trouuée à propos, par ce que les se-
mences qui se plantent en nos jardins,
sont tant & si diuerses qu'il seroit impossible de deuiner qui en a esté jardi-

P

nier, & est grande folie à celle qui se
tourmête de vouloir sçauoir de quelle graine ce fruict a esté produit, veu
qu'en tels prez se voyent diuerses se-
mences, qui toutes ensemble croif-
fent sans leur donner aucune marque.
Regarde par ta foy qui pourroit rien
deuiner de certain en cela?

Lamia. Ce que tu dis est vray, &
sans faute.

Lais. Peu heureux donc se peut biē
dire celuy qui tōbe és mains des Courtisanes qui ont meres : Mere, dy-ie,
qui par aduenture d'aage conuenable,
veulent auoir aussi bōne part, &c. que
leurs filles, si bien qu'il conuiēt qu'elles meslent par le moyē de leurs filles
quelque larcin en leurs pratiques, cha-
stiant par le cul de la bourse ceux qui
les diffament: Tousiours & pour le
mieux, s'accoitent de ceux qui sont
encores nouueaux venus, scachans
qu'auec les vieux routiers peu sauuēt
elles ont credit.

Lamia. Ceste raison me plaist tresbien.

Lais. En quel peril se met le pauure

sot, sur lequel mere & fille enfermées
en vne chambre iettent leur sort ? De
combien de moyens de desrober elles
se recordent ? Quelles cruautez elles
commettent ? Que de sorcelleries elles inuentent ? Quelles dissections &
anatomies elles font de sa bourse: Ie te
dy pour verité, & m'en crois, ma sœur,
que Paladinas n'eust peu enseigner
tant de tours du baston, de trauerses
& de points à ceux a qui il enseignoiét
à escrimer, comme les meres adopti-
ues ou naturelles en enseignent à leurs
filles. Elles disent à l'vne, Quand ton
amoureux viendra, tu luy diras cecy,
& luy demanderas cela. Tu l'embras-
seras à tel temps, & luy feras caresse
de ceste maniere : ce fait, le traitteras
de telle sorte. Sur tout, ne fay point
trop grand cas de luy, ne le mesprise
aussi si fort que l'vn où l'autre viéne à
passer les limites de la raison, & tant
que tu seras auec luy, ne laisse point
à faire chere à vn autre, s'il se presente : monstre semblant d'estre fort
soigneuse. Promets, & nie quand
bon te semblera : demande tous-

tours à emprunter , & luy dis qu'il te
preste bracelets, anneaux, habits cou-
urechefs, & vaisselle d'argent. Mets
touſiours peine d'en faire aueugler
quelque piece : car quand tout le môde ſe deuroit fondre , le pis qu'il t'en
peut aduenir, ſeroit luy rendre ce qu'il
ta baillé.

   Lamia. Ton diſcours ſemble pure
verité, & te fait paroiſtre femme grandement experimentée, fort aduiſée &
qui ſçait le ſien & celuy d'autruy.

   Lais. Tu t'en peux bien aſſeurer &
croire de fait, attendu qu'il en va ainſi.

   Lamia. Et toy, as tu eſté auſſi reſo-
luë.

   Lais. Telle, & vne de celles qui vi-
uent comme les autres, tellemēt qu'a-
bondonnée à mal faire, i'ay mis ſi grāde peine à me faire paroiſtre telle que
ie n'ay differé entreprēdre choſes que
femme de mon eſtat euſt peu faire.
Autrement ie ne me fuſſe tenuë pour
Courtiſane, & en tel inſtinct de l'eſtre
en effect & magnifique, voire autant
accomplie que la plus ſinguliere du
meſtier , tellement que ſi oncques

femme par merites deuoit estre estimée Courtisane, Lais que tu vois icy
presente, l'a loyaument merité, côme
celle qui en fut passée maistresse dés
l'année quatorziesme de son aage.
Laissons ces choses à part, & parlons
d'autres, qui sont de plus grande importance : Combien de miserables
personnes ay-ie fait tailler en pieces,
donner des balaffres, ou leur rompre
& meurtrir les membres à coups de
bastons?

Lapin. Dy-le moy, ainsi puisse tu
iouyr de la vieillesse comme tu as fait
de la ieunesse. Mais, à propos, as tu fait
penitence de ces pechez?

Lais. Tu dois sçauoir que n'agne-
res i'ay gagné vn grand nombre d'Indulgences & Pardons, & parquoy ne
pense point que mon ame soit des
dernieres qui iront en paradis, non
plus que le corps a esté des derniers à
prendre ses plaisirs en ce monde. Si te
dy de rechef que ie n'y seray des dernieres, bien que i'aye permis faire assas-
sins & meurtres des hommes, tant me

sembloit que cela redondoit à la gloire de ma beauté, à fin aussi qu'on ap-
perceust flamboyer & reluire les espées, en la ruë où ie faisois demeuran-
ce. Malheureux estoit celuy qui me
faisoit quelque desplaisir: car quand il
n'y eust eu autre que le bourreau, ie
me fusse fait courir de luy, pour en
auoir la raison.

Lamia. Le mal est mal, & le bien
est bien.

Lais. Soit comme il voudra estre,
ie le faisois faire, & si ne m'en repens
point. Ie te pourrois encores enseigner
vn art que ie sçauois, pour les faire en-
courager : Il t'aduiendra quelquefois
que tu le pourrois bien faire. I'ay eu assez souuent en ma ma maison neuf ou
dix amoureux tous ensemble, ausquels
ie departois les caresses & paroles par
telle mesure, qu'il leur sembloit estre en
Paradis: & quand il me venoit en fantasie, ie me retirois en vne chabre auec
celuy que bon me sembloit, au moyen
dequoy le plaisir des autres s'amaigris-
soit assez. Entr'eux s'oyoient des souspirs, accompagnez d'vn sourd bruit

& murmure, si bien qu'il sembloient
quelques pauures diables qui endu-
rent à faute de pouuoir. De ces souspirs s'en engendroient quelques clameurs, entremeslées de morsures de
doigts, coups de poing donnez sur la
table, petits Sõnets chantez en fanta-
sies qui faisoient quelque peu interrõ-
pre la cholere: puis s'estans promenez
quelques tours, ils descendoiẽt en bas
proferans milles blasphemes, puis d'a-
uenture trouuans la porte fermée, là
se tourmentoient comme taureaux.

Lamia. La Mandoze ne fut iamais
si cruelle que toy.

Lais. Ie croyrois bien que tu fusses
de ces piteuses.

Lamia. Il est vray que piteuse ie suis,
& si m'esiouïs de l'estre.

mia. Quel plaisir estoi-ce, quand au
milieu du plaisir que quelqu'vn prenoit auec moy, ie mettois à pleurer
sans accasion, & m'estant demãdé doù
me procedoiẽt ces douleurs: auec sou-
pirs simulez & gemissemens de bonne guise, ie proferois ces paroles,
Ie ne suis point estimée, ie suis debou-

tée de vous, neantmoins ie prenry
patience, puis que ma fortune le veut
ainſi. Autre-fois auſſi comme quelqu'vn d'eux ſe partoit de moy pour
deux ou trois heures ſeulement, luy
diſois en pleurant, où allez vous ? Il
n'y aura gueres à faire que vous ne re-
ueniez icy, quand en autre lieu aurez
pris quelque mal qui me rende occupée à le guarir. Ainſi penſoient les fo-
laſtres que quelqu'vn me vint faire recit de telles choſes, ou que pour la grãde amitié que ie leur portois, ie ne me
mettois en peine de ſçauoir leur gou-
uernement. Le plus ſouuent ie me
mettois à pleurer quand i'aperceuois
quelqu'vn qui auoit tardé ſeulement
deux iours à venir en ma maiſon, luy
faiſant entédre que ieſtois bien ioyeu-
ſe de le voir.

Lamia. Il falloit bien que tu euſſes
les larmes toutes preſtes & appareil-
lées aux yeux.

Lais. Tu peux bien croire que ie ſuis
faicte de la maſſe d'vne pierre d'où
l'eau diſtille ordinairemét, bien qu'en
toute ma vie ne peus oncques pleurer

que d'vn œil.

Lamia. Et pourquoy non des deux?

Lais. Pource que les femmes lege-res & defbauchées ne pleurent que d'vn œil, les mariées de deux, & les nonnains de quatre.

Lamia. Vrayement il y a plaifir à entendre telles chofes.

Lais. Il y auroit voirement du plai-fir fi ie le te declarois au long, & dois tu tenir pour certain & aueré que les Courtifanes pleurent de l'vn, & rien de l'autre œil.

Lamia. Tu ne te departiras d'icy fans m'en certifier.

Lais. Ne fçais tu point, pauurette, qu'eftant de l'aage que tu es, nous a-uons le ris en l'vn, & la larme en l'autre des yeux, qui eft occafion que nous rions incontinent pour quelque peti-te chofe que ce foit, & que pour vn rien, voire à chaque-fois, iettons de fi chaudes larmes; qu'il femble que nos yeux foient vn Soleil troublé & ob-fcurcy, qui darde fes rayons hors, & puis tout incontinent les abfconfe: & auffi au milieu de nos pleurs entremeſlons vn petit ſouſris, toutesfois au plus fort du rire, ne defaillāt dequoy pleurer, tellement qu'ayant finy le ris d'vne choſe, auſſi toſt pleurons nous de l'autre : ce que ie ſçay faire auec meilleure grace que nulle Courtiſane qui ait eſté & ſoit de mon temps, ſi bien que par ces façōs de faire i'ay plus captiué de cœurs, que ie n'ay en lateſte de cheueux. Si doncn'y a choſe plus neceſſaire que le rire & pleurer cōme ie t'ay dit, auſſi eſt-il beſoin en ſçauoir vſer en ſaiſon, attendu que s'il ne ſe fait bien à point & en ſon temps, tout n'en vaut rien, & aduiendroit ce qu'on dit des roſes de Damas, que ſi on ne les cueille à l'aube du iour, elles perdent leur odeur.

Lamia. Il fait bon viure & ne rien ſçauoir, on apprend tous les iours choſes nouuelles : & cōbien que ie ſois telle que tu me vois preſentement, ſi ne perds-ie point l'eſperance de faire mō profit de plus de quatre choſes de celles que ie t'ay ouy cy deuant reciter.

Lais. Apres les pleurs & les ris ſimulez, marchoient les menſonges, deſ-

quels ie me prise mieux que les paysãs
de leurs aulx, & me croy, que i'en ay
plus dit en ce monde, qn'il n'y a d'are-
ne en la mer, & faisois qu'elles estoiét
creües, à force de serments que i'y ad-
ioustois, voire estoit si bon le credit
que i'auois en disant quelque chose,
que tu n'eusses autrement iugé sinon
que i'estois vn notaire Apostolique. Ie
parlois par maniere de dire, de choses
non ouyes. De là venois à tomber en
mes debteurs, en mes biens: i'imagi-
nois choses estranges que ie reduisois
à mon propos,& affermois qu'elles e-
stoiẽt prõptes & prestes. I'auois,outre
ce, en ma maison certaines tablettes
où estoient inscrits les noms de tous
mes pourstriuans amoureux,entre lesquels ie departois les nuicts de la semaine, laissant à escrire le nõ de celuy
qui ceste mesme nuict deuoit coucher
auecques moy. Cõme tu as veu l'ordre
qu'on tient és escholes des petits enfans, où on pend certaines tablettes,
esquelles sont escrits les noms de chacun en particulier?

Lamia. Il me souuiét les auoir veuës,

Lais. Sois donc ententiue à ce que ie te diray.

Lamia. Qu'ont à faire les menteries & inuentions que tu disois maintenãt auec la tablette que tu tenois pendu, où leurs noms estoient escrits?

Lais. Ie te diray : Les sots qu'ils estoient, se tenoient asseurez que la tablette leur notifioit la nuict qui leur escheoit, si bien qu'ils se trouuoient trompez par beaucoup de nuicts, attendu que i'y mettois l'vn pour l'autre, ce qui ne m'est aduenu de faire vne seule fois, mais plusieurs.

Lamia. Maintenant ie viens à cognoistre qui tu es.

Lais. Escoute encore ceste cy, ie te prie affectueusement que tu y sois ententiue. Ie demãday à emprunter vne chaine de grand' valeur à vn quidam, qui estoit trescontent & satisfait de de ma beauté, & cestuy la demanda à vn autre, qui l'osta du col de sa femme pour la luy prester, & me la mit de sa main le iour que le Pape donne les doüaires à tant de pauures filles au monastere de la Minerue.

Lamia. Tu veux dire le iour de l'An-
nonciation.

Lais. Ce fut ce propre iour qu'elle
me fut mise, vray est que ie ne l'eus pas
long temps.

Lamia. Pourquoy cela ?

Lais. Pource qu'ainsi que i'entray
en l'Eglise où ie vey si grande multitude de peuple, ie pensay à ioüer vn tour
de mon mestier : de faict i'ostay ceste
chaine de mon col, & la donnay à vn
qui m'estoit plus secret que le confesseur, puis me fourray en la plus grande
presse qui fust, & quand ie fus bien a-
uant, ie me prins à gemir, souspirer &
regarder vn chacun au visage, & là cõ-
mança Lais à esleuer ses cris iusques
au Ciel, disant : Ah ma chaine! il m'em-
porte ma chaine : le larron : le voleur :
puis ie commençay à ietter mon voile
par terre, à me demener & debattre, &
faire vn bruit si grand que ceux qui e-
stoient en l'Eglise furent en trouble,
& tumulte. A ces cris le Preuost se ré-
dit hastiuement où i'estois, & se saisit
d'vn mal-heureux qu'il vit changer de
couleur, & estre troublé, cuidant que

ce auoit esté luy qui auoit desrobé ma
chaine, & le menant en prison, il ne
tarda gueres qu'il ne fut pendu bien
chaudement.

Lamia. Ie n'en veux plus ouyr.

Lais. On ne t'en priera-ja (belle
Dame) & vrayement tu auras patiéce.

Lamia. Volontiers, iusques à ouyr la
conclusion: & que te dist celuy qui te
presta la chaine?

Lais. Sortie de l'Eglise, tousiours
pleurãt & me tordant les mains, ie re-
tournay en ma maison: où paruenuë,
m'enfermay en ma chambre, commã-
dant à ma seruante que personne ne
mõtast en haut, pour me donner plus
grand ennuy. Comme i'estois en ces
feintes angoisses, suruint l'amy qui
m'auoit presté la chaine, lequel entre
en ma maison s'attédant parler à moy:
mais il n'en peut trouuer le moyen,
bien qu'il appellast, & se mist en effort
de heurter par plusieurs & diuerses fois
à l'huis de la chambre où i'estois, disant ainsi: Lais, Lais, outre moy, ouure
moy, ne te desespere ainsi. Ie faignois
ne l'ouïr pas: ains disois redoublãt mõ

courroux:Ah!pauure &miserable que
ie suis: chetiue,triste, malheureuse &
infortunée entre toutes femmes, pri-
uée de bon heur,de toute grace & felicité par dessus celles qui oncques
nasquirent: que feray-ie? que deuien-
dray-ie? que fera-ce de moy? Ie veux
entrer auecques les repenties, ou bien
me precipiter en vn puis. Et en me leuant du lict où ie m'estois couchée, ie
dis à ma seruante,sans ouurir l'huis de
la chãbre,qu'elle appellast incontinẽt
vn crieur, disant, que ie voulois vẽdrẹ
tout ce que i'auois , & de l'argent de
mes meubles payer la chaine. Lors ma
bonne chambriere faisant semblant
de l'aller querir, ceste bonne personne
de mon amy se print à crier plus haut
que par deuant,& disant, ouurez, c'est
moy. En fin ie luy ouuray & entra:
mais cõme ie le vis,ie me prins à crier
à haute voix, disant: Triste & desolée
que ie suis,or suis-ie bien destruite, ô!
mal-heureuse femme qui és poursuy-
uie & assaillie de tant de desastres:
Monsieur (disois-ie) quand ie deurois
demeurer sans chemise , si ne veux-

ie point que vous perdiez vn denier de
la valeur de la chaine : & en proferant
ces paroles , mes deux yeux sembloiét
deux fontaines d'où les larmes degou-
stoient en abondance. Il faisoit auec
les doigts certains signes qu'il ne s'en
soucioit beaucoup, & en me consolãt
& flattant doucement, la chose vint à
tels termes qu'il coucha ceste nuict a-
uecques moy, & eusmes ensemble tãt
de plaisir, que iamais plus ne se parla
de la chaine.

Lamia. Pour abbreger , certes tu es
assez fine pour en tenir boutique.

Lais. Si tu ne t'ennuye de mes discours, ie te diray maintes autres choses qui me viennent en la memoire.

Lamia. Ie prens tant de plaisir à t'escouter, que ie seray dolente , quand la
nuict sera venuë, pour nous separer.

Lais. Tu dois sçauoir , ma grand'
amie, qu'en si peu de temps que ie de-
meureray à Pampelune, vn vieillard
foible, decrepit, & tout flestry , s'eny-
ura de ma beauté, & moy de sa bourse:
si bien que voulant iouyr d'amours,
tout ainsi qu'vn edété des croustes de
pain,

pain, il paſſoit tout ſon temps à m'em-
braſſer, à me taſter, à ſoy pouruoir de
preparatifs, & autres remedes, leſquels
ne peurent oncques effectuer ſon deſir de bonne ſorte. S'il faiſoit quelque
peu mõſtre de le pouuoir faire, ſa chaleur ſe trouuoit incontinent amortie:
de ſorte qu'il ſembloit propremẽt vne
lampe qui n'a non plus d'huile, que
pour monſtrer qu'elle eſt allumée, tellement que ne luy profitant choſe de
tout ce qu'il faiſoit, ie m'aduiſay auant
que du tout luy defailliſt le pouuoir &
deſir de me hanter, faire choſe qui te
ſera aggreable d'eſcouter. Ie conuiay
vn iour toutes les filles de ioye que ie
cognoiſſois, auſquelles ie fis vn bãquet
à ſes deſpens, puis luy demanday à emprunter trente pieces de vaiſſelle pour
le ſeruice de la table voulant me monſtrer riche & opulente. Ceſte vaiſſelle
neantmoins ne ſe rendit entierement,
attendu que i'en auois retenu quatre
des meilleures pieces: & venant au ſoir
pour coucher auec moy, ie prins les
vingtſix, & les luy mis en ſon giron, &
les ayant contées pour les donner à vn

Q

sien seuiteur, à fin qu'il les portast à sa
maison, il ne les voulut receuoir, parce
qu'il s'en falloit quatre : me leuant &
m'addressant à luy, criant bien fort, ie
luy dis en grand courroux : Pourquoy
estes-vous si mal apprins : allez, allez
ne me venez point icy troubler: car la
viande que i'ay mãgée me fera plus de
mal que de bien: Pour satisfaire a cela
prenez tout ce que i'ay vendez-le &
vous payez. Et s'augmentant en moy
la cholere, ie me leuay d'aupres de luy
& entray en ma chambre. Comme il
me vit si courroucée, il se leue, vient
apres moy, & commence à m'ama-
doüer, & à me donner mille accolla-
des & mille baisers : en fin nous demeurasmes bons amis, iurant neant-
mois par serment solennel qu'en iour
de sa vie il ne presteroit piece de vaisselle, ny à moy, ny à autres.

Lamia. Ie t'ay de-ia dit que tu es des
plus fines.

Laïs. En prenant de nouueau vn autre pour amy, ie luy monstrois toute
douceur, de maniere que to° ceux qui
auoient parlé à moy la premiere fois,

me loüioient iusques au Ciel, mais si
tost qu'ils m'auoient essayée, ils me
trouuoiét amere côme l'aluine. Et ainsi côme és cômencemēs ie faisois sem-
bant que les choses mal faictes me sé-
bloient mauuaises, aussi monstrois-ie
au milieu & à la fin que les bonnes me
sembloiét telles:pour-autant que suy-
uant la maniere de faire d'vne vraye
amiere,ie prenois grãd plaisir à semer
cãdales & faire querelles,mettre diui-
sion entre amis,ouyr dire reproches &
iilenies, esmouuoir combats, ne par-
ant que des plus grands, faisant iugement de l'Empereur, du grãd Turc,&
des Roys circonuoisins,traictant de la
cherté du téps & de la richesse du Duc
de Ferrare : donnant à entendre que
les Estoilles sont de la grandeur des
roües de charrettes,& non plus grãdes
& que la Lune est sœur bastarde du Soleil Et de là sautois au blasõ de mes armes & de mon lignage. Puis m'en retournois sur le rãg des Ducs, Côtes &
Marquis,& affermois que i'auois esté
nourrie & esleuée en telle magnificē-
ce, dignité & honneur qu'ils sont, en

Q iij

tant de repos, & auec tel seruice, qu'au
lict où ie couchois ne mettoient que
coutils de soye. Et auec ces discours ie
rédois mille folastres ententifs à m'escouter, & ce prosterner à deux genoux
à mon seruice.

Lamia. Ie ne te veux plus escouter.

Lais. Laisse acheuer mon compte.
Vne grande Dame, ainsi qu'on dit, ne
faict point telles parades & desborde-
mens pleins de vanité, & ne prend si
hautains surnoms, que les gorrieres
font, lesquelles publient qu'elles sont
filles du Duc Valentin, autres du Cardinal Ascanio, & s'accoustrant de petits surnoms, De la Marche, de Crouy,
de Meleun, se sentiroient mesprisée
de les porter moindres: & font incontinent courir le bruict qu'elles ont cognoissance, credit, ou parentage en tels
& tels lieux, en la maison de Sauoye,
en Haynault, & en la maison du Duc
de Bauiere. Puis de voir aucunes ca-
cheter leurs lettres auec grands & braues seaux, c'est vn plaisir qui vaut trop
d'argent. Et ne pense point (ma sœur)
que les tiltres qu'elles mesmes se met-

cent, les facent de rien meilleures, plustost sont elles tant despourueuës d'a-
mour, de charité & de pitié, que si S.
Roch ou Sainct Anthoine leur demã-
doient l'aumosne, elle ne la leur vou-
droient donner, n'estoit la crainte
qu'elles ont de receuoir quelque mal
d'eux.

Lamia. Dieu me garde de telles
femmes.

Lais. Certainement il vaudroit
mieux ietter son bien en la mer, que le
donner à telles bestes, & qui font autant de cas de toy, apres que tu leur as
bien fait, comme elles faignoient te
gratifier auant l'auoir de toy receu &
merité. Au reste elles ont vne seule
bonne chose, disent elles, qui est maintenir la foy, & ce que ie ne puis croire,
veu qu'en cela sont pires que diables.
Et aussi que la pluspart d'entre elles
ont le miel en la bouche, & le rasoir és
mains. I'ay remarqué deux de ces pu-
celles, faignans les honnestes depuis
les pieds iusques à la teste, puis en tour-
nãt le dos disoient telles choses qu'on
s'estouppoit les aureilles. C'est vn sin-

gulier plaifir les ouyr caqueter de dire
mal des hommes, quand elles font enfemble en leur parquet: & comme en-
trez vers elles, leur font mille careffes,
pourueu qu'ils entrent auec le pied
droiſt defpendans largement (dy-ie)
parce que le femblant de leur vouloit
bien, durera autant comme les dons
qu'on leur met és mains. Et tout ainfi
qu'elles laiffent l'vn pour s'accointer
de l'autre, qui fera mieux emplumé
comme d'ailleurs elles aduantagent
ceſtuy par fus tous, difans mille fois, &
à toute heure, voſtre Seigneurie: & que
forties de la maifon font la cour aux
autres qui viennent en conuerfation
auec elles, & au fortir du logis dõnent
mille careffes de la langue fans aucun
profit. Adieu Lamia.

Lais. Adieu Lais iufques au reuoir.

Fin des Vies de Lais, Lamia
Courtifanes de Rome.

LA MAQVERELLE
Ou
VIEILLE COVRTISANE.
de Rome.

Bien que du mal duquel ie suis atteinte
Soit desormais tardiue la complainte,
Et qu'on ne doiue imputer à raison
Le repentir qui vient hors de saison:
Si me plaindray-ie, & de mon inconstance
Renouuellant la vieille repentance,
(Quoy que promis i'eusse de ne sentir
D'oresnauant vn autre repentir)
M'efforceray de soulager ma peine,
Par les souspirs d'vne complainte vaine.
Peut estre encor que de mon souspirer
Quelqu'vn pourra quelque profit tirer,
Et que mon mal si bien on le contemple,
Au moins rusez pourra seruir d'exemple:
Recompensant par ce nouueau bien-fait,
Si mieux ne puis, mon antique forfait.
Doncques afin de mieux faire cognoistre

Tout mon mal-heur : venant mon âge à
    croiſtre
Plus que mõ ſens ſur les douze ou treze ans,
Eſtant nourrie au delices plaiſans,
Que peut gouſter vne fille legere
Deſſous la main d'vne impudique mere,
Pour me laiſſer deſſus l'arbre vieillir,
Ma belle fleur ie la laiſſay cueillir,
Non à quelqu'vn dont on deuſt faire côpte,
Et dont l'honneur peuſt amoindrir ma hõte,
Mais à vn ſerf, vn ſerf euſt ce bon-heur,
De triompher de mon premier honneur
Secrettement : car ma mere diſcrette
Sçeuſt bien tenir l'entrepriſe ſecrette.
   Bien toſt apres ie vins entre les mains
De deux ou trois gentils-hommes Romains,
Deſquels ie fus auſſi vierge renduë
Comme i'auois pour vierge eſté venduë :
De main en main ie fus miſe en auant
A cinq ou ſix, vierge comme deuant.
   Depuis ſuyuant vne meilleure voye,
D'vn grand Prelat ie fus faite la proye
Qui cherement ma ieuneſſe acheta,
Comme pucelle & ſi bien me traita,
Que ie deuins, voire en bien peu d'eſpace,
Belle, en bon poinct, & de meilleure grace.
   Deſlors i'apprins à chanter & baller,
Toucher

Toucher le luth & proprement parler,
Vestir mon corps d'accoustremens propice,
Et embellir mon teint par artifice:
Bref i'apprins lors sous bons enseignemens,
De mon sçauoir les premiers rudimens:
Car le Prelat duquel i'estoy l'amie,
Voire duquel i'estoy l'ame demie,
Le cœur, le tout n'auoit autre plaisir,
Que satisfaire à mon ieune desir:
Deux ou trois ans me dura ceste vie
Iusques à tant qu'il me print vne enuie
De la changer, comme on voit bien souuent,
Trop grand plaisir se conuertit en vent
Et pour ne voir chose qui luy desplaise,
L'esprit humain se fascher de son aise.
O combien mal conuient la majesté !
Auec l'Amour rien que la liberté
Ne me failloit : mais defaillant icelle,
Me defailloit toute chose auec elle,
Ny les faueurs, ny les bons traitemens,
Chaines, anneaux, & riches vestemens,
De cent valets me voir estre honorée,
Et du Seigneur à peu pres adorée,
Estre nourrie en repos ocieux:
Bref s'il y a chose qui plaise mieux,
Quoy que l'on fist ou dist pour me cõplaire,
Rien ne pouuoit mon esprit satisfaire.

R

La liberté de pouuoir deuiser,
D'aller en masque & de se desguiser,
Siffler de nuict par vne jalousie,
Faire l'amour, viure à sa fantasie,
Sans esprouuer la facheuse prison,
De ne pouuoir sortir de la maison
Sans vn valet & sans congé d'vn maistre
N'oser monstrer le nez à la fenestre:
Ce seul desir mon esprit chatoüilloit,
Ce seul ennuy mon repos trauailloit,
Et peu à peu d'vne lente tristesse
Décoloroit la fleur de ma ieunesse.
Ce que voyant celuy que ie seruoy
Pour se desfaire honnestement de moy,
Fit par sous main brasser vn mariage,
Non sans vanter mes biens & mon lignage,
Ma bonne grace & mon honnesteté,
Et par sur tout ma grande chasteté.
    A ces appas se vint prēdre vn ieune hōme
Qui peu rusé aux finesses de Rome,
Se tint heureux d'auoir tel bien trouué:
Mais quand il eut à sa honte esprouué
Ce que i'estoy, premierement il vse
De grāds rigueurs : puis d'vne grand' ruse,
Dissimulant son courage odieux
Par beau parler, & par caresse d'yeux.
Ores priant, ores d'vne autre grace

98

A la priere adioustant la menace,
En peu de temps se gouverna si bien,
Qu'il se fit maistre & du sien & du mien.
  Robbes, ioyaux, meubles & autres choses,
Plus cherement en mes coffres encloses,
Argent content, argent à interest,
Tout fut leué sous ombre d'vn acquest,
Finablement se dressant vn voyage,
Mon bon espoux se met en equipage,
Se part de Rome, & sans parler à moy,
S'en alla rendre au seruice du Roy:
Où il mourut, & depuis n'oüis oncques
Parler de luy : en ce bel estat doncques,
Ie demeuray sans faueur ne support,
Car mon Prelat, de mal-heur, estoit mort:
Et ne m'estoit de toute marichesse
Rien demeuré qu'vn petit de ieunesse.
Doncques m'aidāt de moy-mesme au besoin
Et reiettant toute vergongne au loin,
Ouure boutique, & faite plus sçauante,
Vous mets si bien ma mrchandise en vente,
Subtilement affinant les plus fins,
Qu'en peu de temps fameuse ie deuins,
Lors me voyant par Rome assez cogneuë,
Pour n'estre en rang d'esgaldrine tenuë,
De deux ou trois aposte ie me mis,
Esquels estoient mes plus fermes amis,

R ij

Et tous les mois me donnoient pour salaire,
Vn chacun d'eux trente escus d'ordinaire.
    Ie laisse icy à discourir comment,
Ie me sçauois gouuerner dextrement
Auecques eux, à l'vn faisant caresse
A l'autre vsant de plus grande rudesse,
Selon que d'eux ie cognoissois le cœur
Se manier par douceur ou rigueur:
N'oubliant pas ceste commune ruse,
De contenter de quelque maigre excuse,
Le mal content, & sans aimer aucun,
Donner à tous le martel en commun.
Par ce moyen chacun se pensant estre
Plus fauorit, pour demeurer le maistre,
Comme à l'enuy par present achetoit
Ce qu'auois moins, à qui plus luy coustoit.
    C'estoit le bon quand pour donner licence
A l'vn des trois, les deux faisoient instance:
Comme il aduient que pour chasser vn tiers,
Les autres deux s'accordent volontiers,
Lors ie disois, ou que sa laide face,
Son poil rousseau, ou sa mauuaise grace,
Plus que la mort me faschoient, toutesfois
En le perdant que ie perdois vn mois.
    Eux donc ayant de me demander honte
Vne faueur qui me mettoit à compte,
Se contentoyent, pour garder amitié,

99

D'y suppléer chacun pour la moitié.
Ainsi iamais n'amoindrissoit ma rente,
Et me restoit vne place vaquante,
Dont ie sçauois bien faire mon profit.
  Aucunesfois ie prenois à credit
En leur presence ou supposois ces debtes,
Conclusion i'auois mille receptes,
Pour leur tirer les quatrains de la main.
Ores feignant de me faire nonnain,
Ores parlant de quelque mariage,
Ores de faire à Naples vn voyage,
Ou à Venise, ou en quelque autre lieu,
Et que bien tost ie leur dirois adieu.
Aucunesfois ie me faisois enceinte,
Ou me faignois de quelque fieure atteinte,
Et ce que peut vn artifice tel,
Pour s'enrichir, ou pour donner mortel.
  Voylà comment ie traittois l'amy ferme,
Lequel iamais ne failloit à son terme :
Car les pendants & les bracelets d'or,
Les scoffions, & les chaines encor,
Gants parfumez, robbes & pianelles,
Garnels, bourrats, hamarres, caparelles,
Licts de parade, & carames dorez,
Sauons de Naple, & fards bien colorez,
Miroirs, tableaux où i'estois en peincture,
Masques, banquets, & cockes de vecture,

R iij

Et s'il y a de consumer le bien,
Autres moyens, n'estoient côptez pour rien.
Que diray plus ? i'auois mille pratiques :
Car tout cela qui s'achette aux boutiques,
Ne coustoit rien, & mesme le boucher
Le plus souuent estoit payé en chair :
Iusqu'aux faquins (si l'honneur me dispense
De dire ainsi) i'espargnoy la despense :
Car tout l'argent des honnestes amys,
Pour mettre en banque en reserue estoit mis.
I'auoy de plus quelque nuict la semaine,
Qui m'estoit frâche : & lors ie mettois peine
De pratiquer quelque nouuel amour,
Et ne passois inutile vn seul iour.
A cest effet ie tenois pour fantesque
Vne rusée & vieille Romanesque,
Qui descouurant quelque ieune emplumé,
Auant qu'il fust de mon faict informé,
Trouuois moyen de faire l'entreprise
Secrettement, & comme bien apprise,
N'oubliois pas de dire main en main,
Comme i'estoy proche de sang Romain,
Ou que i'estoy femme d'vn gentil-homme,
Lequel pour lors estoit banny de Rome.
Voylà comment ie traittois l'estranger :
Mais par sur tout ie craignois le danger
Des escroqueurs, ne me tenant mocquée,

100

Sinon alors que i'eſtoy eſcroquée:
Ce qui cauſoit que moins ie m'addreſſois
A l'Eſpagnol, qu'au liberal François,
Douce,courtoiſe,humaine, quant au reſte
Mais cependant ſuyant plus que la peſte,
Ces ieunes gens,lequels ſans desbourſer,
A tous propos pour beaux veulent paſſer,
Nous penſans bien payer d'vne gambade,
D'vne chanſon,d'vn luth, ou d'vne aubade:
Ce qui nous trompe : & fait que bien ſouuết,
Nous nous trouuõs les mains pleines de vết,
　　I'auois auſſi vne ſoigneuſe eure
De n'endurer ſur mon corps vne ordure:
De boire peu,de manger ſobrement,
De ſentir bon,me tenir proprement,
Fuſt en public,ou fuſt dedans ma chambre:
Où l'eau de naffe,& la ciuette,& l'Ambre
Le linge blanc,le pennage euentant,
Et le ſachet de poudre bien ſentant
Ne mãquoiết point:ſur tout ie prenoy garde
(Ruſe commune à quiconque ſe farde)
Qu'on ne me peut ſurprendre le matin.
Bref tout cela qu'enſeigne l'Aretin,
Ie le ſçauoy:& ſçauoy mettre en œuure
Tous les ſecrets que ſon liure deſcœuure:
Et d'abondant mille tours incognus,
Pour eſueiller la dormante Venus.

R iiij

I'estoy pourtant en mes propos honneste,
Et ne faisois à tout le monde feste,
Legerement caressant vn chacun:
I'auoy pour tous vn entretien commun,
Et de façons grauement asseurées,
Sçauoy fort bien encherir mes denrées.

De la vertu ie sçauoy deuiser,
Et me sçauoy tellement desguiser,
Que rien qu'hōneur ne sortoit de ma bouche:
Sage au parler & follastre à la couche,
Aussi void-on qu'vn propos vicieux,
Plus que le vice est souuent odieux:
Et que rien tant que vertu n'est aymable:
Ou ce qui est à la vertu semblable.

Chacun se flatte en son affection,
Où il cognoit quelque perfection:
Et ne peut bien la Dame estre estimée.
Que l'on cognoit indigne d'estre aimée:
Tant la vertu plaist en celles qui l'ont,
Sinon au cœur, pour le moins sur le front.

Par tels moyens i'acquis faueur en Rome,
Et ne fust nul estimé galand homme,
Qui n'eust eu bruit de me faire l'amour.
Au demeurant, fust de nuict ou de iour,
Ie ne craignois d'aller sans ma patente,
Car i'estois franche, & de tribut exempte,
Ie n'auois peur d'vn gouuerneur fascheux,

101

D'vn Barifel, ou d'vn Sbire outrageux
Ny qu'en prifon on retinſt ma perſonne
En cour Saualle, ou bien en tour de Nonne:
N'ayant iamais faute de la faueur
D'vn Cardinal, ou autre grand Seigneur,
Dont on voyoit ma maifon frequentée,
Ce qui faifoit que i'eſtoy reſpectée,
Et que chacun craignoit de me faſcher,
Voyant pour moy les plus grăds s'ēpeſcher.

Six ou fept ans ie fis ce beau meſnage,
Ayant paſſé le meilleur de mon aage
En ces plaiſirs (ſi plaiſir faut mommer,
Vn peu de doux meſlé de tant d'amer)
Car quel plaiſir, helas! me pouuoit eſtre,
Bien que ie prinſſe à dextre & à feneſtre
D'auoir foubmis mes membres eshontés
A l'appetit de tant de volontés?
Et d'imiter le viure d'vne beſte,
Pour m'enrichir par vn gain deshonneſte,
Et d'endurer d'vn amant furieux
Mille defdaings, & mots iniurieux?
De fupporter vne aiſſelle fuante,
Vn nez punais, vne bouche puante,
Vne fottife, & perdre à tous propos
Pour vn mortel, & repas & repos?

Outre la peur (genne perpetuelle)
D'vne verolle, ou d'vne pellarelle,

Et tout cela, dont se trouue heritier,
Qui longuement exerce tel meſtier.
Car quant au soing où chacune se fonde,
De se farder, de se faire la blonde,
De se friser, de corriger l'odeur,
Serrer la peau, rechauffer la froideur,
Ie n'en dy rien, pour eſtre telle peine
Commune encor à la dame Romaine.
O bien-heureuse & trois & quatre fois,
Qui n'eſt ſuiette à ſi penible loix !
Ce fut pourquoy vne semaine ſainᶜte,
Eſtant pour lors ma conscience atteinte
D'vn ſainᶜt remors, que quelque bon demon
Me fit ſentir au milieu d'vn ſermon,
Sans y perſer ſoudain ie me diſpoſe
Faire de moy vne metamorphoſe.
Et de changer mon lascif veſtement
En vn deuot & ſainᶜt accouſtrement:
Ce que ie fis, & deuins conuertie,
Donnant deſlors vne grande partie
De mes threſors à la religion:
Où toſt apres changeant d'opinion,
Ie me trouuay à ma partie rangée,
Et plus d'abit que de vouloir changée.
      Donc inhabile au ſeruice de Dieu,
L'abandonnay de bonne heure le lieu:
Et retournant d'où ie m'eſtois partie,

102

Me repenty de m'estre repentie.
Ainsi tournée à mon premier meſtier
Pour regagner tout cela qu'au mouſtier
I'auòy laiſſé, s'ouure l'eſchole au vice,
Et commençay d'vn plus grand artifice
Qu'auparauant, à dreſſer mes appas,
Et retenter les amoureux combats,
Où ie r'acquis d'vn vtile dommage
Tout le perdu, & beaucoup d'auantage.

   Adonc te vins en reputation,
Et prins deſlors telle preſomption,
De grands ſeigneurs me voyant courtiſee,
Que mon meſpris me rendit meſpriſee.
Ie tais icy pour mon premier bon-heur,
Du trente & vn le fameux deshonneur:
Et ſuppoſay au lieu d'vn gentil-homme
Dedans mon lict l'executeur de Rome
Qui ce plaiſir deuant cent & cent yeux
Recompença du foüet iniurieux.

   Ie tais encor' la verolle gouteuſe,
La denterelle, & palade honteuſe,
Et mon viſage en tant de lieux frizé,
Que mille fards ne l'euſſent deſguiſe.

   I'auis pourtant encor' bōne pratique,
Et pour cela ne fermay la boutique:
Car le renom de mon credit paſſé,
Et les threſors que i'auois amaſſé,

M'entretenoient: & puis ma bonne grace
Recompençoit d'vne si braue audace
Ce que les ans de beau m'auoient osté,
Que mon automne on prenoit pour esté.
I'auois au lict cent mille gaillardises,
Mille bons mots, & mille mignardises:
De bien baller on me donnoit le pris,
I'auoy du luth moyennement appris,
Et quelque peu entendoy la musique:
Quant à la voix, ie l'auois angelique,
Et ne se fust nul autre peu vanter,
De sçauoir mieux le Petrarque chanter.
    Au demeurant, i'auois la main diuine,
Fust sur la toille, ou fust sur l'estamine:
Et volontiers y employois le temps,
Quand ie n'auoy vn meilleur passetemps,
Aucunefois en accoustrement d'homme,
Ie passageoy pompeusement par Rome
Sur vn cheual de mesme enharnaché,
Et le pennache à la guelphe attaché,
Ne me monstrois moins superbe & vaillãte,
Qu'vne Marphise ou vne Bradamante.
Bref ie sçauoy de toute chose vn peu,
Et n'estoy pas ignorante du ieu,
Fust aux eschets, ou fust à la premiere:
Où ie n'estois de perdre coustumiere,
Loüant tousiours à moitié pour celuy

103

Qui ne prenoit que la perte pour luy.
  Aucunefois n'estant de la partie,
I'estoy si bien de mon faict aduertie,
Qu'autant de fois qu'vne reste ou gaignoit,
Autant de fois la manche ou me donnoit.
Aucunefois ne m'estant aggreable
Quelque ioyau, d'vne vsure honorable
A cinq ou six ie le faisois payer,
Et leur baillois à la reste à iouer.
  Voyla cōment par cent moyens hōnestes
Ie recuillois la laine de mes bestes:
Donc ie tondois les vnes quelquefois,
Et quelquefois les autres escorchois:
Vsant par tout de si grand artifice,
Que sans monstrer vn seul poinct d'auarice,
Ceux-là, dont plus de presens i'auoy pris
Se reputoyent estre plus fauoris.
  Ma maison donc, moins que iamais de-
    serte,
Estoit quasi comme vne eschole ouuerte
D'honnesteté, où il falloit venir,
Pour bien sçauoir Dames entretenir.
Là se disoient mille bons mots pour rire,
Là les plus sots s'efforçoient de mieux dire,
Comme à l'enuy, & le soir & matin
Se rapportoit toute chose au butin.
  S'il se faisoit quelque assemblée honneste,

Quoy que ce fuſt i'eſtoy touſiours de feſte:
Et n'euſt eſté le banquet bien fourny
Qui de tels mets euſt eſté desgarny,
Ie me trouuois de ducats pluſieurs milles,
Qui ne m'eſtoient en vn coffre inutiles,
I'auois meublé vne belle maiſon,
Et richement, & ſelon la ſaiſon:
Et ſur la porte auois mis pour deuiſe
La pluye d'or de la fille d'Acriſe:
Voulant par la honneſtement monſtrer
Que par l'or ſeul on y pouuoit entrer.

   Heureuſe, las! heureuſe & trop heureuſe,
Si Cupidon de ſa torche amoureuſe,
Pour chaſtier cent mille indignitez
De tant d'amans, que i'auois mal traictez,
N'euſt allumé dans mes froides mouëlles
Le feu vengeur de ſes flammes cruelles:
Me contraignãt d'aymer plus que mes yeux,
Plus que mon cœur, vn ieune audacieux,
Qui d'autant plus que d'vne hũble careſſe
Ie m'efforçois d'amollir ſa rudeſſe,
Plus me fuyoit, & ſe paiſſoit, cruel,
De mon tourment & pleur continuel.

   Las! quantes fois jalouſement malade,
Courant par tout, ainſi qu'vne Medade,
Ay-ie ſuiuy ſans crainte du mocqueur
Ceſt inhumain, qui m'emportit le cœur?

Las! quantesfois, au lieu d'estre endormie,
Le pensant estre és bras d'vne autre amie,
Nuds pieds, nud chef, au temps de longues
      nuits,
Ay ie rompu & fenestres & huits,
Iniuriant de milles outrages celle
Qui receloit mon ennemy chez elle?
Las! quantes fois suis-ie allée au deuin?
Et quantesfois aux sorcieres, à fin
De retenir par liens & par charmes
Cest obstiné vainqueur de telles ames?

   Le poil au chef me herissoit d'horreur,
Me souuenant de ce que la fureur
Me faisoit faire : ores d'vn cimetiere,
Tirant de nuict quelque ombre solitaire,
Ores au Ciel la Lune ensanglantant
Ores le cœur des fleuues arrestant.

   Les vers sacrez, les celestes augures,
Les points couplez, les magiques figures,
Les faints fuseaux, les noms ensorcelez,
Les os de morts, & les lauriers bruslez:
Ce que du front des poulains on attire,
Les yeux du loup, les images de cire,
Les nœuds charmez, & le nombre des trois,
Auec le mal, qu'on appelle des mois:
Bref, tout cela que peut telle science,
(Et tout en vain) i'en fis l'experience.

Ce n'est pas tout, les presens amoureux,
Et tout le bien, que mes ans plus heureux
M'auoyent acquis auec peine infinie,
Vignes, maisons, argent à compagnie,
En moins d'vn an tout cela fut vendu,
Et en banquets & presens deſpendu
Pour ceſt ingrat, ingrat, ingratiſſime,
Lequel tenoit de mes penſers la cyme,
Puis me planta, voyant tout conſumé
Ce qu'il auoit tant ſeulement aymé.

    Et puis voicy, pour m'acheuer de peindre,
Celle que plus les Dames doyuent craindre,
Sur vn baſton marchant à pas comptez:
Dame Vieilleſſe aux cheueux argentez:
Qui rauiſſant d'vne main larronneſſe
Ce qui reſtoit encor' de ma ieuneſſe,
Ne m'a laiſſé que la grauelle aux reins,
La goutte aux pieds, & les galles aux mains,
La toux aux flancs, la migraine à la teſte,
Et à l'aureille vne ſourde tempeſte.

    De ce beau chef tout l'honneur eſt eſteint,
Ce beau viſage a changé ſon beau teint
En teint de mort: & ceſte bouche bleſme,
Deſſus ſes bords a peinte la mort meſme.
Ces deux beaux yeux, jadis flambeaux
        d'amour,
Se ſont cachez de peur de voir le iour,

Et pour pleurer leurs fautes, & leurs peines
Sont de flambeaux conuertis en fonteines.
    Ie ne puis plus ny sentir ny gouster,
Plus ne me plaist les doux sons escouter,
Le sens me faut, & l'esprit qui me laisse,
Plus que le corps se sent de la vieillesse.
Iay oublié tout cela qu'autrefois
I'auois apprins, du Luth & de la voix,
I'ay oublié tous mes bons mots pour rire,
Ie ne sçay plus que me plaindre & mesdire,
Ie ne sçay plus que toussir & cracher,
Fascher autruy, & d'autruy me fascher.
    Quant au mestier d'ot il faut que ie viue,
C'est de filer, ou lauer la lexiue,
Faire trafiq de quelques vieux drappeaux,
Composer fards, contrefaire des eaux,
Vendre des fruicts, des herbes, des chãdelles
Aux iours de feste, & crier les chambelles.
Voyla l'estat ou ie gaigne mon pain,
Pour ma vieillesse armer contre la faim,
Et pour payer vne chambre locande:
Ce qui est or'ma despense plus grande.
Au demeurant ie me discours icy
Par le menu le chagrin, le soucy,
Et le soupçon, que la vieillesse cache
Dedans son sein: le mal qui plus me fasche
Et qui me fait cent fois le iour perir,

S

C'est de vouloir & ne pouuoir mourir.
  O que ie suis differente de celle
Que i'estois lors, quãd ieune, riche & belle,
Vn escadron i'auoy de tous costez
De courtisans pompeusement montez,
M'accompagnans ainsi qu'vne Princesse,
Fust au matin quand i'allois à la Messe,
Ou fust au soir, alors qu'il me plaisoit
De me trouuer où le bal se faisoit.
  Las! maintenãt vn chacun me desdaigne,
Et seulement pauureté m'accompaigne:
Ceux que jadis desdaigner ie souloy,
M'appellent vielle, & se mocquent de moÿ,
Et ceux dont plus i'estoy fauorisée,
Sifflent sur moy d'vne longue risee,
Se vergongnans de m'auoir voulu bien,
Pour rien en moy ne cognoistre du mien.
  Iusques icy a couru ma fortune,
Selon le temps, aduerse ou opportune:
Mais, ô chetiue! encor' n'est-ce le poinct
Qui plus au vif le courage me poingt:
Le seul obiect de ma complainte amere
C'est, c'est l'ennuy de mes voir pauure, &
    mere
Non d'vn qui soit d'aage pour se nourrir,
Ou qui me puisse au besoin secourir,
Mais d'vne fille encor' ieune & debile,

Qui sur les bras m'est en charge inutile,
Et sera las! si c'est estr' cinhumain
Regne long temps sur le climat Romain.
　　I'ay veu Leon, delices de son aage,
I'ay veu Clement de ce mesme lignage,
I'ay veu encor ce bon Paule ancien,
Premier honneur du sang Farnesien:
Apres cestuy i'ay veu Iules troisieme,
Ores ie voy le grand Paul quatriesme.
　　De tous ceux-là ie me doy contenter,
De cestuy-cy ie me veux lamenter,
Pour auoir mis d'vne loy rigoureuse
Dessous les pieds la franchise amoureuse,
Abolissant d'vn edict defendeur
Ce qui estoit de Rome la grandeur.
　　Car si de ceux que Rome plus honore,
De courtisans, & des autres encore
On veut ainsi les plaisirs limiter,
Quels estrangers y viendront habiter?
Tous s'enfuiront, ou pour dernier remede
Exerceront l'amour de Ganimede,
Ou sans cela ne sont que trop appris
Ceux qui ont loy de n'estre point repris.
　　O temps! ô mœurs! ô malheureuse année!
O triste regne! ô Rome infortunée!
N'estoit-ce assez que le discord mutin
T'eust faict du monde vn publique butin,

S ij

Et d'auoir veu sur la riue Latine
Si longuement la guerre & la famine?
Si mal heureuse encor tu ne perdois
La liberté : liberté que tu dois
Plus regretter, que tes palais antiques
Dont nous voyons tes poudreuses reliques.
   Fille qui m'es plus chere que mes yeux,
Helas! pourquoy t'ont fait naistre les cieux
Sous vn tel siecle? ou pourquoy si durable
Ay-ie vescu, pour te voir miserable?
Helas faut-il que ce beau chef doré
Ces deux beaux yeux, ce pourpre coloré,
Ce front, ce nez, ceste bouche diuine,
Et ce beau corps, qui des Dieux estoit digne,
Soit le butin non point d'vn Courtisan,
Mais d'vn faquin, ou d'vn pauure artisan?
   Pour cela donc d'vne main si soigneuse
T'ay-ie esleuée? ô fille mal-heureuse,
Si tu deuois par telle indignité
Perdre la fleur de ta virginité.
Estoit-ce là ceste belle ieunesse
Dont ie faisois mon baston de vieillesse?
Estoit-ce ainsi que mes trauaux passez
Deuoient vn iour estre recompensez?
O ciel cruel, estoilles coniurées,
N'auois-ie assez de peines endurées,
Si en ma fille, en cest aage où ie suis,

Ie ne voyois renaistre mes ennuis?
   Ie n'en puis plus, & mes pleurs qui s'es-
      pandent
A grands ruisseaux, le parler me defendent:
   Doncques priant ceux-la qui m'estiront,
Et de mes pleurs, peut estre se riront,
De m'excuser, si par trop de langage
(Vice commun à celles de mon aage)
I'ay discouru & mon mal & mon bien,
Ie feray fin: que peusse-ie aussi bien,
Pour n'estre plus à ces maux asseruie,
Comme à mes pleurs, mettre fin à ma vie.

F I N.

LES
PARADOXES
D'AMOVR.

Par le Sieur de la Valletrye.

AV SIEVR DE LA
VALLETRYE.

Apres auoir dedans Platon appris
Commēt Amour doit profiter & plaire,
Tu n'aymes point vn Amour populaire
Et ses erreurs en sont par toy repris.
  En ton amour celuy-là n'est compris.
Qui vers Colchos fist voguer sa galere:
Le tien est vray & t'offre le salaire
D'vn bel honneur entre les beaux esprits.
Mais cōme en phrase, en elegance, en grace,
Ton Paradoxe est parfaict & surpasse
En nostre temps tous les autres discours:
  Ainsi l'Amour, ô gentil VALLETRYE,
Qui rend ton ame, & blessee & guarie,
A surpassé tous les autres amours.

N. DE SAINTEMARTHE.

A ij

PARADOXE I.

Que ce n'est point Inconstance d'aymer en plusieurs lieux.

PARADOXE II.

Que l'Esperance est plus agreable que la Ioüyssance.

PARADOXE III.

Que pour aymer vne fille de bas lieu, ce n'est point faire preuue de lascheté de cœur.

PARADOXE IIII.

Qu'en amour on peut manquer de foy sans se pariurer.

PARADOXE V.

Qu'il est permis d'aymer la femme de son amy.

PARADOXE VI.

Qu'il nous suffit d'auoir la teste belle pour estre beaux comme les Dieux.

PARADOXE I.

*Que ce n'est point Inconstance
d'aymer en plusieurs
lieux.*

ADAMOISELLE,
Il faut donc que ainsi
que l'on s'ayde du sa-
uon le plus obscur pour
bien lauer vne tache, i'aye aussi
mon recours au plus noir encre de mes escripts, pour encore
mieux nettoyer nos ames du
blasme dont vous-vous imagi-
nez qu'elles se souïllent quand
elles se laissent transporter à tant
d'obiects, qu'elles ne s'en peuuent proposer vn seul pour l'aymer vniquement, qu'à l'exem-
A iij

ple d'vn vaisseau qui trop foible
pour loger en soy la genereu-
se liqueur d'vn empourpré raisin, enuoye ses cercles en pieces, aussi comme impuissantes
pour contenir en elles vne si
grande vertu qu'est celle de la
Constance, elles ne brisent au
mesme instant qu'elles l'ont receuë les ferments les plus impa-
riurables & les promesses les plus
fermes qui les obligent & qui les
lient : Enquoy ie souhaitte fort
vous monstrer combien vostre
fausse opinion est estoignee de la
verité de nostre creance, & comment vous ne sçauriez bien sçauoir que c'est du parfaict Amour
si vous ignorez qu'vne fille seule n'est non plus suffisante de le
pouuoir nourrir en nous, qu'elle peut estre capable de l'y pouuoir faire naistre : Ce que pour

vous faire mieux comprendre ie
vous prie d'oüyr noftre raifon:
Qui eſt que la Beauté parfaicte
eſtant celle là qui puiſſe engen-
drer le parfaict Amour, & que
la Beauté parfaicte ne ſe puiſſe
trouuer en vne ſeule fille, pour
auoir eſté differément diſtribuee
par la Nature à chacune de celles
de voſtre ſexe, afin qu'il ne s'y en
trouuaſt aucune (tant laide fuſt
elle d'ailleurs) en qui quelqu'vn
n'apperçeut touſiours pourtant
quelque traict propre à le toucher du deſir de la conſeruation
de ſon eſpece, comme en l'vne
le bel œil, en l'autre la belle bouche, en l'autre le beau poil, en
l'autre la belle gorge, & ainſi cõ-
ſequemment ſes autres diſtri-
butions qui tirees de la maſſe &
du corps entier de la Beauté parfaicte, ſeruent à donner de l'affe-

ction, feló que pour leurs diuers
refpects elles rencontrent des
cœurs difpofez à la reçeuoir : Il
n'y a point de doubte que le parfaict Amour ne confifte donc à
s'enflammer de plufieurs filles,
puis qu'au nombre & non en l'v-
nité fe defcouure le plus fouuent
icy bas là Beauté parfaicte qui en
eft la mere : Ainfi que ce grand
Peintre Zeuxis le donna fubtilement à cónoiftre aux Crotonia-
tes, alors que requis par eux de
leur faire le portraict d'Heleine,
il ne leur demanda pas vne fille
feullement pour en prendre ce
qu'elle auroit de beau, mais toutes les plus belles du pays : En
leur apprenant par là, où il failloit qu'ils eftimaffét que demeuroit la Beauté parfaicte, mere du
parfaict Amour, comme eftoit
celle d'Heleine, dót vous fçauez

aſſez que l'iſſuë du parfait Amour
que par ſa Beauté parfaicte elle
auoit formé & eſleué au cœur de
ſon ieune hoſte de Troye, a teſ-
moigné au reſte du monde qu'elle ne fuſt pas moins de feu pour
ſa maiſon que pour luy, & qu'elle
n'embraſoit pas moins les Royaumes que les Roys. C'eſt pourquoy vous deuez croire que puis
que la beauté parfaicte qui ne ſe
peut trouuer qu'en pluſieurs filles, eſt l'origine du parfaict A-
mour, ceux qui n'en ayment qu'-
vne ſont beaucoup plus dignes
d'eſtre accuſez de peu de iugement, que ceux qui en ayment
pluſieurs ne meritent pas d'eſtre
blaſmez de peu de Conſtance:
Pour ce que l'eſprit de ceux-cy,
deſireux d'exceller en ceſte perfection d'Amour, s'eſprend de
toutes celles qu'il voit que quel-

que particuliere beauté recommande, & va ainſi tous les iours ramaſſant des vnes & des autres ce qu'elles ont d'aymable & de merite d'eſtre rapporté comme membre au corps de ceſte Beauté parfaicte dont il eſt parfaictement amoureux : Et quant à vos opiniaſtres comparaiſons contre nous, des riuieres qui perdent leur force par la quātité de leurs ruiſſeaux : ou des arbres que leur trop grand nombre de branches empeſche de s'eſleuer deuers le Ciel, à qui ie pourroy reſpondre ſi ie vouloy, Que cōme pluſieurs ruiſſeaux font les groſſes riuieres, ou que cōme pluſieurs branches font les beaux arbres, qu'auſ ſi pluſieurs amours font le parfaict Amant : Il me ſuffira de vous dire, pource que l'Amour n'eſt ny d'eau ny de bois, qu'il eſt de la qualité du feu, du Soleil, & de l'œil, dont l'vn sans diminution de sa flamme, allume plusieurs choses d'vn mesme coup, l'autre sans amoindrissement de sa clarté, illumine plusieurs endroits de la terre en vn mesme temps : Et l'autre, sans affoiblissement de sa veuë, discerne plusieurs couleurs l'vne de l'autre d'vn mesme regard. Voyla donc comment nostre parfait Amour, non comme vn corps materiel, lourd, & poisant, qui se lasse incontinent de plus d'vn office, mais comme cœleste, se loge en nostre esprit de sa mesme nature : Car si l'vn nous faict discourir, entendre, comprendre, nous ressouuenir, & nous araisonner tout ensemble : L'autre en vn mesme moment aussi, nous faict aymer celle qui à l'œil beau, celle qui à la bouche belle, celle qui à le poil beau, celle qui à la gorge belle, & generallement ainsi toutes celles qui sont ornées de parties contribuables pour la composition du corps de la Beauté parfaicte, de qui vous estes si bien le charnu Crayon, le respirant Portraict, & le viuant Image, que si la Diuinité auoit auiourd'huy caché son visage à la Nature, sur lequel elle se reigle tous les iours pour former les belles filles de ce monde, ie croy fermement que vostre Beauté parfaicte luy en pourroit seruir de patron: Ce qui fera que ie vous supplieray de croire facillement que ie n'ay point faict ce discours à dessein de m'en seruir comme d'vne permission qui me licentie d'en aymer d'autres que vous: Mais plustost pour vous asseurer qu'ayāt

en vous toute seule heureusemēt
rencontré plus de perfections
ensemble , qu'auecques les plus
exquises recherches , les yeux
mesmes d'vn nouuel Argus n'en
sçauroiēt recongnoistre au reste
de tout vostre sexe , il n'est non
plus en ma puissance de vous
desnyer aucune de mes affectiõs,
que ie voy qu'il a esté en celle du
Ciel devous refuser vne seule de
ses graces : Car il ny a point de
cloux au monde qui attachent
mieux l'Inconstance mesme , &
qui la rendent stable & arrestée
sans plus courir çà & là , que les
œillades dont vous la regardez:
Ny de feu qui brusle mieux les
ælles sans plus reuenir à la Liberté des plus volages mesmes , que
le parfaict Amour dont vostre
Beauté parfaicte m'enflamme &
me consomme.

PARADOXE II.

*Que l'esperance est plus agreable
que la Ioüyssance.*

Adamoyselle, de crain-
te qu'il ne vous feust aduis que la veheméce de
mó affection pour ne recognoistre d'autres bornes n'y d'autres
limites que l'excez, m'aueuglast
tellemét les yeux que ne pouuât
veoir vostre vertu (qui feroit de-
sesperer les passions desreiglées
de quelque Dieu mesme) ie ne
cerchasse toutesfois qu'à toucher sur vous, au point où les de-
sordonnez desirs conseillent le
plus souuent à nos sens de viser;
I'ay bien voulu mettre la main
à la plume pour vous descouurir

combien mes intentions ſont
eſloignées d'vn deſſein ſi præiu-
diciable à l'eſtime que ie ſçay que
vous faiĉtes de voſtre honneur
& du mien ; En vous aſſeurant
que mes penſées n'ont iamais
pretendu d'autre nourriture que
de la libre contemplation de vos
beautez & des familiers entre-
tiens de vos diſcours, dót ie peux
dire, que la douceur me faiĉt veritablement ſentir qu'il ſe boit
encore du Neĉtar ailleurs que
dans la couppe de l'Immortalité
des Dieux : Auſſi faut-il que ie
vous confeſſe & conſequemmẽt
que ie maintiẽne àqui que ce ſoit
icy, qu'il ſied touſiours mieux
aux chatoüillement de l'Eſperance à conſeruer viues &ardan-
tes les flammes d'vn Amour en
noſtre poiĉtrine, que les froi-
deurs qui ſe meſlent couſtumie-

rement dans les continus em-
braſſemens de la Ioüyſſance, n'ốt
bonne grace à vouloir entre-
prendre de nous faire aymer lốg
temps vne meſmẽ Beauté : Car
comme l'abondance & le raſſa-
ſyemẽt de quelque plaiſir que ce
ſoit, nous appareſſe & nous en
engendre vn dégouſt. Ainſi les
contentemens qui ne ſont qu'at-
tendus ſeulement, nous reſueil-
lent & nous en augmentent tous
les iours l'appetit : C'eſt ce qui a
perſuadé a beaucoup auſſi que
l'Eſperance eſtoit le cœur de l'A-
mour, pour nous aduertir qu'en
elle eſtoit la ſeulle demeure de ſa
vie & non pas en la Ioüyſſance,
en qui pluſtoſt que d'aüoüer
que la vraye fœlicité d'vn Amất
repoſaſt, quelques Philoſophes
ont dict que celuy qui ioüyſſoit
de ſon deſir, n'eſtoit iamais ſi
con-

contēt que celuy qui ne desiroit
rien du tout, à fin de nous monftrer que ceux qui n'ōt point encore d'Efperance : mais qui font
fus l'entree d'vn âge propre d'en
conceuoir quelqu'vne, font plus
heureux que ceux que la ioüiffā-
ce à defia dezalterez des delices
dōt les autres n'ont encore pref-
que pas feullemēt gouſté la douceur imaginaire : Cōme ceux qui
to⁹ les iours cherchēt des Efperances à vēdre, pour le cōtenre-
ment qu'il fe propofent qu'il y
ayt en cette impatience d'attendre quelque chofe, dont l'vn a-
cheptera pluſtoſt le coup d'vn
harquebufier, l'autre, le iect des
rets d'vn pefcheur, & l'autre, les
premiers fruiêts de quelque arbre nouuellemēt planté : Car les
alleichemēts de l'Efperance font
ſi parfaiêts, que fort volontaire-

B

ment fermãt les yeux a quelque
consideration de danger ,que se
puisse estre , nous hazardons or-
dinairement nos biés & nos vies
pour experimenter le bien qu'il
y a d'esperer quelque bonne fortune des ondes & des vents qui
sont l'incertitude mesme de ce
monde : Aussi la voix commune
qui est vne Déesse inuiolable &
qui ne peut estre desmentie,veut
qu'ils n'y ayt que ceux là qui sont
bien morts qui soient priuez des
plaisirs fœconds dont l'Esperance nous resiouit & nous gratifie,
pour tesmoignage qu'il n'y a celuy qui respire encore tant soit
peu,quelle ne soit capable de ramener à la vie & de ressusciter:
Elle est ceste Primeuére qui outre ce quelle no⁹ nourrist mieux
de ses fueilles & de ses fleurs,que
l'Automne ne nous repaist bien

de ſes fruicts , nous eſt encore
d'autant plus agreable que luy à
la veuë , que la Déeſſe Venus eſt
plus belle dans nos parolles &
dans nos eſcripts quand nous lui
faiſons la cour , qu'elle n'eſt pas
en effect quand toute nuë elle ſe
iette entre nos bras pour nous
bailler ce que nous luy deman-
dons . Et d'autre part y a il rien
icy bas qui excite mieux que l'eſperance, nos courages aux belles
entrepriſes ? Qui nous faſſe embarquer plus ioyeuſement en ce
nauire qui va à la conqueſte de la
toiſon d'or en la trouppe de ces
braues Argonautes, & qui nous
faſſe auoir plus d'enuie d'exceller en toute eſpece de vertu par
deſſus nos pareils , à fin de nous
rendre touſiours plus aymables
qu'eux à celles que nous recher-
chons enſemblement d'amour

Au côtraire y a il chose au monde qui attiédiſſe tant nos boüil-
lants deſirs, & qui allentiſſe tant
nos genereux efforts de nous rẽdre agreables & de paroiſtre par-
faicts & accomplis les vns plus
que les autres, que la Ioüyſſance
de celles qui ſe laiſſent pluſtoſt
aller à nos corps qu'à nos merites? l'Eſpérance ne ſuyuiſt point
auſſi la Ioüyſſance au ſortir de la
boïſte de Pandore qui s'en alla
de compagnée auecques tant de
maux affliger la terre : Car les
fruicts de l'Automne n'attirent
point ſi bien l'hyuer apres eux,
que les fruicts de l'Amour ne
traiſnent encore mieux à leur
queuë les triſtes repentirs qui
nous glaçent le cœur, nous ge-
lent le ſang, nous refroidiſſent le
cerueau, & nous attachent auecques des gouttes au coin d'vn

feu, comme auecques des chaines que noſtre prompte mort
ronge couſtumieremēt pluſtoſt
que la roüilleure de nos longues
années : On dict à ce propos que
les Syreines du nombril en haut
eſtoyent la figure de l'Eſperance,
& que du reſte en bas, qui eſtoit
de coleuures hydeuſes & effro-
yables, elles repreſentoyent la
Ioüyſſace laſciue: Ce qu'Heleine
fuſt à Paris, qui tant qu'il n'en
euſt que ce qui ſe dóne dela ceinture en haut, comme le regard,
la parolle, & le baiſer, ſucça le
plus heureuſement que Prince
fiſt iamais, le ſuccre fondu des
plus delicieuſes blandices de
l'Amour: Mais qui dez qu'il euſt
paſſé outre à ce qui eſtoit de la
ceinture en bas, y trouua ce ſer-
pent de guerre qui du bout de ſa
longue queuë de dix années ſap-

pa les fondements de sa ville de
Troye, & l'ensepuelist dessoubs:
Dont les plus sages, comme pre-
uoyant vne si miserable fin , a-
uoyent dit aussi long têps auparauant qu'à ne regarder vne telle
Beauté que par le deuãt, il estoit
aysé à se resoudre de la garder &
de mourir plustost que la rẽdre:
Mais qu'à considerer ce qu'elle
estoit par derriere , pour le mal-
heur inéuitable qui la suyuoit,
qu'il estoit encore plus facile de
s'en desdire. Ainsi donc vous a-
yant desduit le plus briefuemẽt
qu'il m'a esté possible , la diffe-
rence de contentement qu'il y a
de l'Esperance à la Ioüyssance, Ie
vous coniuréray de croire que
l'amour que ie vous porte est tellement fondé sur la vertu , que
n'ayant constitué sa principalle
fin qu'en la liberté des discours

& des priuez accez de voſtre belle preſence, mon eſprit ne cherche en vous que voſtre eſprit
auſſi: Si de fortune là cognoiſ-
ſance que vous auez de la fidelité de mes ſeruices, ne vous remet deuāt les yeux que ces fleurs
ſont bien malheureuſes dont ils
n'en fructifie vne ſeulle, & que
ceſte conſideration ne vous eſ-
meuue quelque iour à ceſte
courtoyſie que les Philoſophes
meſmes, qui diſent que l'amour
ne ſe doit iamais faire pour ſe
ioindre ny pour ne ſe ioindre
pas auſſi, permettent aux Dames
de nous pouuoir donner vne
fois en paſſant, & ſinon comme
neceſſaire, au moins comme biē
ſeant à la perfection de l'aſſeurā-
ce qu'elles deſirent nous laiſſer
de leurs reciproque affections.

B iiij

PARADOXE III.

Que pour aymer vne fille de bas lieu,
ce n'est point faire preuue de
lascheté de Cœur.

'EST pour toy seulle, ma
chere Claudine ! qu'il
faut que ie publie au-
iourd'huy que l'Amour ne se repaist plus d'autres viandes que
de tes bonnes graces : Qu'il ne
quitte plus les Cours des Princes de ce monde, & le Ciel mesme', que pour faire sa demeure
au fond des roses & des lyz que
ton ieune aage fleurist sus ton
visage en si grand nombre , que
tes perfections en reçoyüent
tant d'odeur que mon Iugement
s'esgare & se perd en la con-
gnois-

gnoiſſace qu il en a: Que ce n'eſt
que pour te voir porter les yeux
de l'Amour, que ie ne m'eſtonne
plus de ſon aueuglement : Que
ce n'eſt que par les deux boulles
de ton ſein de neige , que la Fortune roulle auiourd'huy le bon-
heur ou le malheur de ma vie: Et
brief que tu es le luſtre ſeul par
qui toutes les beautez de la terre
ſont encore mieux eſclairées,
que tous les membres de Pelope
ne le furent iamais par la blan-
cheur de ſon eſpaule d'yuoire.
Que l'on me reproche maintenant que tu es pourtát vne villa-
geoiſe ou vne chambriere de ville,& que tu ne peux eſtre aymée
auec de l'honneur par d'autres
que par ceux de ta qualité, qu'ils
n'encourét tout auſſi toſt le blaſ-
me de natures laſches & peu ge-
nereuſes, de rebouſcher ſur toy

C

les poinctes de leurs cœlestes pẽ-
fées , & de precipiter fi profon-
dement leurs efprits efleuez ou
pluftoft de les enfeuelir dans vn
tõbeau fi vile & fi honteux qu'eft
l'obiect d'vne fille de peu: A fçauoir fi ie ne leur pourray pas fort
fuffifãment refpõdre,que ce n'eft
point aimer baffemẽt que d'eftre
touché d'vne Beauté non feullement digne d'vn vifage franc &
libre: mais d'vne Royne mefme?
Que ce n'eft point tomber de fa
grãdeur,que de s'enflãmer d'vne
Bergere qui eft plus belle qu'il
ne conuient à fa baffe condition?
Que ce n'eft point degenerer à
fa nobleffe , que d'affectionner
vne fille chãpeftre dõt la beauté
eft digne de l'amour d'vn Roy?
Que ce n'eft point defcheoir de
fon merite, que de s'efprendre
d'vn fubiect plus beau qu'il n'eft
non feullement permis à des ha-

meaux ou a des villages : mais à
tout l'vniuers mesme depouuoir
plus faire naistre ? Et en fin que
ce n'est point oublier ce que l'on
est, que de se passióner pour vne
fille de chambre, de qui ie diray
que les doigts de roze l'Aurore seroyent d'autant plus hono-
rez de frizer les cheueux , que
toutes les Déesses ensemble ne
meritent pas de luy estre accom-
parées , encore que son beau
chef ne soit le plus souuent couuert que d vn dauantau de grosse laine à la rustique, à qui neantmoins la toille plus subtillement
couppée & le linge plus industrieusement ouuré des mains
de l'artifice mesme, se sentiroyẽt
bien-heureux de seruir de voyle?
Car si ce ne sont que les blondes
tresses , & non pas les chaisnes
d'or, qui nous captiuent en a-

mour, Il n'y a que Claudine qui
foit digne de nous affubietir:
Car fi l'amour lui mefme eft pluftoft fils de celle qui donne la
Beauté , que de celle qui diftri-
bue les Empires , les Royaumes,
& les richeffes, Il n'y a que Claudine qui nous puiffe enfanter au
cœur de beaux images, & qui foit
capable d'engédrer en nos ames
de beaux defirs & de belles paffions: Car fi l'Amour luy mefme
fe loge pluftoft dedans des yeux
que dedans des bources, Il n'y a
que Claudine, à qui il fieze bien
de le retirer , & de luy garder fes
flammes. Sa Mere & luy vont de
toute antiquité tous nuds pour
nous móftrer que de tout temps
la Beauté ny l'Amour ne fe doiuent pas chercher dans les robes
de pourpre, ny dás les tiffús d'or,
mais dans l'albaftre defcouuert

d'vn beau visage, d'vne belle
gorge, d'vn beau flanc, & d'vne
belle cuisse toute nuë: C'est pour
quoy Paris ne voulust pas mesmement que les trois Déesses
qui s'efforçoyent en la vallée d'i-
de à qui luy donneroit plus d'a-
mour, fussent seullement vestuës
de leurs chemises. Tesmoignant
par là que quelque simple habil-
lement que ce soit ne nous doit
iamais ayder à faire nostre iugement d'vne belle fille. Et puis
quand ie serois encore si ennemi
de la gloire de tant de grãds Heros, côme d'Hercule, d'Agamé-
non, d'Achilles, d'Aiax, & de tãt
d'autres, que ie voulusse sacri-
fier au Silence leur amours de
Chambrieres, de Seruãtes, & de
Captiues, qui font la plus belle
partie de leurs renommées, de
qui plus cômunement les Dieux

C iij

mesmes auoyent ils accoustumé
de s'enamourer jadis que de filles des champs, dont les discours
des Poëtes sont tellement par
tout embellis , que l'on diroit
presque qu'ils n'estoyent inspi-
rez d'eux que pour nous en laif-
ser la memoire? Que l'on cesse
donc de me vouloir persuader
que l'amour qui sied bien aux
grands Roys, aux Heros, & aux
Dieux mesmes, n'a point de grace pour moy: Mais que l'on m'in-
struyse & que l'on m'aprenne
plustost cõment il faut que i'empesche les Aigles de Iuppiter de
m'enleuer d'icy bas ma Chere
Claudine, en qui c'est qu'il n'a si
secrettement mis que ie croy tãt
de rares semêces de perfections,
qui (apres auoir esté comme e-
stouffées en elle, par sa basse condition iusques à maintenant (cõ-

mencēt à ietter tant de fleurs de
merueille & d'eftonnement pre-
ftes à cueillir, que pour fermer
les yeux de tout autre que de
moy fus fon merite, à fin de la
rauir d'icy plus facilement:Don-
ne t'en donc bien garde,ma chere Claudine! & qu vn volage defir d'eftre faicte diuine par fes
embraffements, ne t'efchauffe
point tant, que l horreur des e-
xemples des Ourfes, des vaches,
& des autres beftes, en qui les
furieufes jaloufies de fa femme
ont changé fes concubines autresfois, ne te refroidiffe encore
toufiours d'auantage : Mais bai-
gnons nous pluftoft enfemble
dans les delices de noftre aage
mortel, Et que cóme ta Beauté,
de qui ie ne fçauroy faire par ce
difcours icy qu'vn portraict imparfaict, t'eft vn fuffifant gage de

ma conſtance , pour eſtre ſi puiſ-
ſante que de pouuoir empeſcher
que le changement & le pariure
ne trauerſent iamais les ſerments
de la ſeruitude eternelle que ie
t'ay iurée, Que ma foy te ſoit
auſſi comme vne anchre ſacrée
qui m'arreſte dans le haure de
tes bonnes graces , malgré les
tempeſtes & les orages de ceſte
mer amoureuſe, où ie n'auray iamais que toy d'eſtoille pour ma
guide : Et d'où pluſtoſt que de
deſmarer , ie conſents preſentement que tes reproches & tes
iuſtes plaintes deuiennēt autant
de glaiues tranchants , qui me
couppant la gorge, prodigueut
mon ſang aux plumes de mille
& mille eſcriuains, qui pour te
vanger de moy laiſſent ma reputation diffamée aux peuples a-
venir par la plus execrable hi-

ſtoire de perfidie & de deſloyau-
té qui puiſſe iamais tomber entre leurs mains,

PARADOXE IIII.

*Qu'en Amour on peut manquer
de foy ſans ſe pariurer.*

OVy, Madamoyſelle, ie le
diray touſiours que les belles Dames & les ſerments d'A-
mour eternel que nous leur pouuons auoir iurez, ne nous obligent point tant à elles que la parfaicte congnoiſſance que leur
frequentation nous donne de
leur peu d'eſprit, ne no⁹ en puiſſe
irreprochablement dégager : Et
qu'vn tel changemēt de volonté

pour cet effet ne se doit iamais
prendre pour vne preuue de naturel inconstant : mais pour vn
signe euidēt que nostre intentió
recherchant en elles plustost le
Ciel que la terre , leur beauté
corporelle n'est pas si puissante
pour allumer en nous des flames
d'affection si desmesurée, que les
iustes desdains que leur deffor-
mité spirituelle nous donne, n'a-
yent encore plus de force pour
les esteindre. Ainsi que de cet a-
mour que nostre veuë porte si
promptement à nos sens, & de
celuy-là que nostre ouye conduit si lentement à nostre cœur,
l'vn s'appelle communement
Ieunesse, Bouttade, ou Furie, Et
l'autre se nóme tousiours Iugement ou Raison: Pource que nostre aureille est la voye directe
par où la Vertu passe à nos ames,

& que noſtre œil n'en eſt que le
chemin oblique & que le contre
pied le plus ſouuent. Voyla donc
comment ayant deſcouuert que
celles que nous ſeruons, ne ſont
que ſeullement illuſtrées par la
ſimple lueur de la perfection qui
eſt en l'exquiſe proportion de
leurs membres, ou en la viuacité
des couleurs naturelles ou arti-
ficielles de leur teint, & que ce ne
ſont pas les rayons de la beauté
de leurs eſprits, qui s'eſlançants
par leurs yeux & par leurs bouches, la manifeſtent dans leurs
viſages & dans leurs diſcours.
Nous pouuions en eſtre auſſi toſt
refroidis, que l'on dict que le
Renard le fuſt jadis de la belle
teſte qu'il trouua dans la boutique d'vn Sculpteur, dez qu'il eut
recongneu qu'elle n'auoit point
de ceruelle. Les anciens met-

toyent auſſi l'Amour, Mercure,
Venus, & Pithon touſiours enſemble, & les faiſoyent des Diuinitez de meſme autel & de meſme compagnée, pour nous ap-
prendre que nos affections lan-
guiſſent à la fin ſi elles ne ſont
auſſi biē entretenuës par le beau
diſcours que par le beau viſage:
Ce qui ſe donne encore plus
clairemēt à congnoiſtre par les
armes de l'Amour, dont on in-
terprete l'arc pour la bouche,
comme elle en a la forme; Et les
fleches, pour les parolles; Voulant dire qu'il ny a rien qui frap-
pe vn plus grand coup en amour
que le deuis & l'entretien: C'eſt
pourquoy tout nouuellemēt encore, quelques Peintres Flamāts
deſireux de nous faire veoir en
France vne fille de cire pour vne
parfaicte piece de leur meſtier,

estimerent que pour sa recommendation ce n'estoit assez d'y faire reluire vne telle excellence de leur art qu'ils nous fissēt presque croire qu'il n'y auoit rien de plus vif que leur ouurage qui n'auoit point de vie, si ne luy pouuant veritablement bailler le discours, ils luy donnoyent pour le moins la posture & la façon d'vne fille qui le debuoit auoir beau: Ce qu'ils auoyent fait par vne si gentille feinte & par vne si dextre apparence, ou plustost mesme si ie l'ose dire, par vn si vray-semblant de posseder vn esprit plus esleué que de la hauteur de ceste terre, qu'ils auoient si miraculeusemenr ioint auec l'artifice, que l'on eust dict fermement qu'il n'y auoit rien qui l'empeschast de nous entretenir que cela qu'il sembloit à la

veoir qu'elle meditoit de haut &
de digne de nous estre laissé par
escrit de la plume qu'elle tenoit
d'vne main, dans le papier blanc
qu'elle auoit en l'autre: Et le tout
affin que par vn tel Image les
Beautez viuantes de leur siecle,
venant à s'imaginer combien au
prix le bel esprit mesme leur ac-
querroit de grace , puis que le
faux semblant seulement en dõ-
noit tant aux choses inanimées,
deuinsent plus curieuses que de
coustume d'ēbellir leurs esprits,
& de chercher dans les liures &
dans les belles parolles vne si
admirable Bien-seance : Car les
belles filles sans esprit ressem-
blent proprement aux temples
d'Egypte, dont la beauté exte-
rieure, attache les yeux des re-
gardants à leurs merueilles , &
en suspendent tellement les es-

prits (outre ce que les beaux e-
difices font d'ailleurs le troifief-
me moyen qui nous donne de
l'amour auec les belles femmes
& les beaux liures) qu'ils en de-
meurent toufiours rauis, iufqu'à
ce que touchez d'vne iufte curio
fité & d'vn religieux defir d'en
cognoiftre les Dieux, de les fa-
luër, & de les aborder, ils ne
trouuent au dedans que des Hy-
boux & des oyfeaux de finiftre
prefage, qui les font ayfement
retourner de l'extafe à vne libre
& faine confideration du temps
qu'ils y perdent plus ils s'y amu-
fent : De mefme auffi ne faut-il
doncques pas que celles de cefte
nature prefument auoir iamais
fus nous puiffannce de plus longue durée, que celle que le temps
que nous pouuons mettre à les
recognoiftre leur prefcrit. Mais

voſtre Beauté eſt telle, que n'y a-
yant eſpece de vertu qui ne ſe loge en elle pluſtoſt pour en receuoir de la grace que pour luy en
donner, ie la peux bien plus que
raiſonnablement appeler la plus
grande perfection de toutes celles de voſtre ſexe, & la moindre
des voſtres : Et vous ſupplier de
croire que, comme le Ciel eſt in-
capable de multitude de Dieux,
auſſi le ſeront eternellement mes
penſees & mes imaginations de
plus d'obiects que du ſien ſeul,
qui me ſera touſiours entre tous
les autres de ce monde, ce que la
Sapience m'eſt entre les choſes
humaines, la veuë, entre les ſen-
timents, & le Soleil, entre les
eſtoilles.

PARA-

PARADOXE V.

*Qu'il est permis d'aymer la femme
de son amy.*

Madamoyselle, puis que l'A-
mour ne sortist iamais luy
mesme tout nud du Chaos, que
pour nous monstrer qu'il vouloit que ceste grace fut tousiours
la premiere & la plus recom-
mandable aux affections que de
n'estre iamais couuertes ny ca-
chees : Quelle bien-seance pensez vous donc que les nostres reçoyuent sous le voyle obscur de
tant de dissimulations & de contraintes, (qui comme la cendre
esteint tousiours plustost le feu

D

qu’elle ne le contregarde (sont
coustumierement mieux aprises
à les estouffer qu’à les conseruer?
D’autant qu’à force de souffrir
tant de fois d’estre l’vn sans l’autre, & de côtrefaire si souuent les
retenus, il est fort dangereux que
du nüage de ces faux hyuers il ne
pleuue à la longue quelque vray
refroidissemét sur nos volontez
plus eschauffees, & presque impossible que ces ombres ne iettent à la fin tant de tenebres sus
les plus viues clartez de la reciproque cognoissance que nous
auôs tous deux de nostre amour,
que plustost aueuglez qu’illumi-
nez en la conduicte de nos passions, nous ne deuenions vn iour
en effect ce que nous ne sommes
maintenant qu’en apparéce, que
d’vne coustume nous n’en façiôs
vne nature, & d’vne feinte, vne

manifeste verité. Rompôs donques ces foibles rheines dont la
peur que vous auez de voftre ma
ry vous retient, qui ne peuuent
auoir de force que pour arrefter
des perfonnes fans haleine & qui
ne vont que le pas en ce chemin,
& non pour ramener celles-là
dont l'efguillon d'vn violent defir ba bat fi preftement les flancs,
qu'il n'y a forte de crainte ny de
confideration qui leur ferue de
barriere, ny qui puiffe leur prefcrire de bornes qu'ils ne paffent
par deffus, en faifant veoir que
l'amour qui ne fçauroit iamais
eftre trop grand, ne peut auffi
iamais receuoir de limites. Re-
tirons donc l'Aurore d'entre
les bras endormis de fon vieillard Tithon, & ne permettons
au bel Appollon de lauer plus
longuement fa cheueleure blon-

de dans les flots de l'Occean, affin qu'ils fassent veoir le iour a
nos plaisirs cachez : Et ostons le
doigt de dessus la bouche au
Dieu du Silence pour faire parler
nos contentements muëts. Aussi
bien outre ce que les ioyes rece-
lées ne sont iamais non plus pri-
sees que les thresors enterrez,
qu'est-ce que du Dieu du Secret
pour en faire tant de cas, que
quelque badin des anciens? comme il ait aisé à iuger à la peau de
loup parsemee d'yeux & d'aureilles dont ils l'habillerent iadis
quand ils nous le donnerent à
reuerer ? Disons donc librement
que nous nous aymós tous deux
& que les nœuds de mariage qui
vous ioignent à celluy-là mesme
à qui les lyens de l'amitié m'attachent, ne sont point si fermes &
si serrez les vns ny les autres que

pour nous baiſer vous & moy,
les exēples du Ciel & de la Terre
ne nous permettent bien de les
allonger ſans les rompre: Car vn
mary ne ſe doit iamais faſcher de
voir que ce qui luy plaiſt tant,
ſoit agreable a ſon amy: Et ſon
amy ne doit iamais penſer auſſi
de ſe pouuoir mieux approcher
de luy, que par les eſtroittes lyaiſ-
ſons des fauorables embraſſe-
ments de ſa femme, qui d'eux
deux n'en faſſent qu'vn: Autrement il faudroit faire mourir en
vos yeux, & en vos perfections
ceſte nature de charmer & d'at-
traire qui en eſt plus inſeparable
que la moiteur ne l'eſt de l'eau
meſme: Ou bien rendre voſtre
eſpoux inſenſible au bien que
tous les autres reçoyuent en la
compagnie de ceux-là qui ay-
mēt leurs femmes auec eux: Mes

M iij

concurrêces de pretêtions & de
lontez, à vn mesme but que luy,
ne faisant qu'autant de fidelles
preuues de la suffisance de son iugement,& de vostre merite, que
l'experience iournaliere a tousiours fait veoir par tout ailleurs
plus propres à fortifier des affections coniugales qu'à les affoi-
blir: Ainsi que l'on sçait assez que
Vulcan n'ayma iamais mieux sa
fême,& qu'il ne forgea iamais de
meilleures armes au Dieu Mars,
que depuis qu'il les eust trouuez
en vn mesme lict. D'ailleurs on
ne sçauroit nier que l'amour de
Menelas enuers sa belle Heleine
ne fust beaucoup amorty, cóme
il lui fit paroistre en son eslógne-
ment (durant lequel elle luy fit
bien voir aussi qu'il n'est pas vrai-
semblable qu'vne grande beauté
soit longuement laissée dormir

toute seule) si elle n'eust trouué
la recepte pour le renflammer, &
pour le rendre plus vif que iamais, dans les commoditez que
les impatientes poursuittes de
leur amy Troyen luy offrirent si
à propos. Ce qui redoubla tellement l'affection au cœur de son
mary Grec, qu'il faut croyre
franchement aussi qu'il s'arma
plustost pour aller monstrer deuant Troye les forces de son a-
mour à sa femme, que pour faire
sentir celles de sa haine à celuy
qu'il sçauoit bien qui n'auoit vsé
que de l'oportunité mesme qu'il
luy auoit baillee, & de la raison
commune qui veut que les loix
de l'Amour soyēt tousiours plus
fortes que celles de l'Amitié, Car
il n'y auoit Prince qui l'accom-
pagnast pour demander sa femme, qui tout seul n'eust fort lī-

brement voulu combattre son
armee pour ne la rendre point:
comme ne trouurnt pas moins
bien conseillé l'vn, de la vouloir
garder : Que l'autre iustement
poussé, de la vouloir r'auoir. Les
Lacedemoniens aussi qui furent
leurs successeurs, ayant appris de
là, que la Nature n'auoit point
tant dōné de liberté aux oyseaux
de voller où ils voudroyent,
qu'elle n'eust encore baillé plus
de franchise aux hommes d'aymer ou c'est qu'il leur plairoit,
accuserent de folie tousiours depuis ceux-là qui par les meurtres & par les homicides s'amu-
soyent à vanger l'amour que l'on
auoit faict à leurs femmes : Ce
qui fist dire à leur grand Lycur-
gue que les loix & les ordonnances nuptiales des autres nations
estoyent pleines de sottise & de
vanité,

vanité, de ne faire point de difficulté de laiſſer frequenter leurs
chiẽnes & leurs iuments au chiẽs
& aux cheuaux de leurs voiſins,
& de bannir toutesfois ſi bien les
femmes mariees des bónes com-
pagnies, & de les priuer tellemẽt
des libres conuerſations de ceux
là qui les aymoyent, que la plus
grande partie de leurs marys les
enfermoyent ſoubs la clef. Auſſi
ceux qui le font monſtrent ils
bien auoir vn tel deſgouſt des
choſes vertueuſes, que leur eſtó-
mach n'a iamais encore peu ſa-
uourer la douce verité des paroles d'Hortenſe, quand il dict à
Caton qui luy preſta Marcie ſon
eſpouſe: Que c'eſtoit ainſi que
les femmes eſtoyẽt les plus ſeurs
liens dont leurs marys ſe pou-
uoyẽt ayder pour ſe ioindre plus
eſtroittement auecques leurs a-

E

mys. Voyla donc comment fur
les veftiges des Dieux , & fur les
pas des hommes. Voftre mary
ne doit feulement pas ne m'em-
pefcher point de vous aymer,
mais m'y femondre & m'y con-
uier familierement pluftoft , cóme à vn feftin d'amitié où vn
mefme criftal touché de nos le-
ures, nous enuoye à tous trois
des baifers iufqu'au cœur, & où
pour boyre les vns apres les autres, nous fentions reciproque-
ment en nos ames des flámes pa-
reilles à celles que l'on dict que
Medée auoit iadis accouftumé
de cacher fi fubtilement dans le
vin. Que differez-vous donc
dauantage à me tendre les bras,
& à me tefmoigner que ce n'eft
pas fi bien au tronc d'vn arbre à
faire fleurir deux greffons diffe-
rents, qu'il ne vous appartienne

encore mieux à faire fructifier
ces des especes de delices, d'A-
mour & d'Amitié? Sur l'vne des-
quelles la Déeſſe de la Beauté ne
preſide, & les Graces ne com-
mandent ſur l'autre, que pour
inſtruire ſecrettement les femmes qu'il ne leur eſt pas moins
beau d'affectionner vn amant,
qu'il leur eſt bien ſeant d'aymer
vn mary : Ne tardez donc plus à
vous declarer ce que vous m'e-
ſtes, puis que voſtre eſpoux ſçait
bien maintenant que l'Amour
n'eſt aueugle que pour aduertir
ceux qui ſont mariez d'auoir
touſiours les yeux fermez chez
eux, de peur d'eſtre chaſtiez du
mal-heur de ce grand Macedo-
nien qui perdiſt l'œil qu'il auoit
trop curieuſement ouuert pour
deſcouurir ce que ſa femme fai-
oit vn iour en ſa chambre : Et

E ij

puis que vous auez recogneu
que (outre ce qu'il n'y a rien de
plus iustement desrobbé à la rigueur des loix humaines que la
cognoissance des effects de l'a-
mour) il y en a tant d'autres qui
vous deuançent & qui vous suy-
uent, qu'il n'est auiourd'huy
crainte de femme qu'vn si grand
nombre n'asseure, Ny blasme de
si fascheux mary que ce puisse
estre, qu'vne si belle compagnie
n'excuse & ne pardonne, Ny Ca-
lomnie si mordante & si enuieu-
se de ceste prudence mondaine,
à qui la coustume receuë & ap-
prouuee de tout temps de faire
comme nous, ne ferme la bouche, & qu'elle ne fasse taire.

PARADOXE VI.

MAdamoyselle, pour satis-
faire à vos prieres ou plustost à vos commãdemens, à qui
mõ obeissance a plus voüé de recognoissance & de submissiõ que
ie croy que les choses nees n'en
doyuent mesmement pas à leur
tyrannique necessité de mourir,
i'ayme mieux manquer à ma mo-
destie accoustumee de ne presu-
mer iamais tant de moy, que de
vous pouuoir resoudredu moindre doute du monde, que de faillir a mõ deuoir en vous refusant

de vous faire paroiſtre mon in-
ſuffiſance, puis que voſtre plaiſir
le veut : Ce que ie feray auec le
plus de diligence & de briefue-
té qu'il me ſera poſſible, tant affin de ſortir plus viſtement touſiours voſtre bel eſprit hors de la
lecture de ce rude & mal poly
diſcours, que pour vous teſmoi-
gner la promptitude que ie deſire rendre au ſeruice eternel
que ie vous ay iuré par tant &
tant de parolles , que le temps
qui faict naiſtre les occaſions,
vous fera touſiours pluſtoſt re-
cognoiſtre pour ſœurs germai-
nes de la Verité que pour ſes
ſimples compagnes. Ie vous diray donc commēt c'eſt que i'entends que par vos blonds cheueux, dignes de traiſner à iamais
captiue dedans leurs nœuds la
liberté des Dieux meſmes: Que

par vos beaux yeux , que l'A-
mour s'eſt arraché du front pour
vous en faire vn preſent: Que
par voſtre bouche, dequi tous les
œillets des vergers de Cypre &
d'Amathonte empruntent leur
couleur plus viue: Que par voſtre teint, où les rozes & les lys
diſputent tous les iours de l'antiquité de leur origine & de la
prerogatiue de leur excellence:
Et en fin, comment c'eſt que par
tout voſtre viſage, où la Beauté
du monde s'eſt retirée pour paroiſtre en la France (comme ſur
le theatre le plus expoſé en veuë,
& de vertu plus eſleuée que le
Soleil regarde entre toutes les
nations de la terre) Vous ſuſpen-
dez tellement nos eſprits a la
contemplation de tant de merueilles, qu'il n'y a plus rien qui
merite le nom de miracle icy

E iiij

bas que vous : Et qu'il n'y aura
plus que ceux qui vous auront
veuë qui se puissent vanter à l'a-
uenir d'auoir esté quelquesfois
iustement rauis en admiration.
Ie feroy donc bien preuue de
lascheté, si ie refusoy de deffen-
dre vn si beau chef que le vostre
pour le plus accomply chef-
d'œuure dont les Dieux ayent
iamais estonné le iugement que
les hommes ont tousiours faict
iusqu'icy de leurs ouurages, contre la temerité de ceste sotte er-
reur si indiscretement cherie
par les ignorans, QV'VNE
FILLE POVR AVOIR LA
TAILLE DV CORPS GASTEE,
NE PVISSE ESTRE DICTE
BELLE. Pernicieuse maxime,
que par les traicts de ma plume
(comme par des fleches renduës
inuincibles par la force de vo-

ſtre beauté pluſtoſt qui leur donnera la trempe que par leur couſtume infaillible de vaincre tout
ce qu'elles combattent) i'eſpere
auſſi facilement ſurmontet, qu'-
heureuſement vous ſurpaſſez
les parfaictes raretez & les rares
perfections de voſtre ſiecle : Et
pour commencer, ie diray que
tout ainſi que la partie la plus diuine de l'ame, eſt celle-là qui
tient le deſſus en elle, & qui entre toutes les autres s'approche
le plus de la Diuinité : Qu'auſſi
le membre le plus celeſte de tous
ceux du corps, eſt celuy-là qui
eſt en luy le plus éminent, & qui
par deſſus tous les autres eſt le
plus voiſin du Ciel : De là vient
que l'on dict auſſi que de tout le
corps humain les Dieux n'en
font que la teſte ſeulement, &
que le ſurplus n'eſt que des ef-

fects de la Nature , qui meslée
dans les embrassemens des hommes & des femmes , rēcontre le
plus souuent par hazard que par
science , & baille plustost aux
laides qu'aux belles ce qui est de
sa perfection , pour preuue de
son incapacicé de pouuoir ioindre vne fin conuenable à l'ac-
complissement d'vn si inimita-
ble principe: C'est ce qui a donné occasion d'escrire a plusieurs
que tout l'homme n'estoit qu'au
visage & au chef, comme pour
nous enseigner qu'il n'y a rien
au corps humain que la teste qui
nous fasse estre des creatures de
la Diuinité; Ou pour mieux dire
encore , que la belle teste auec
le corps gasté de taille, qui nous
rende du tout semblables à elle:
Ainsi que les Peintres des siecles
passez l'ont tesmoigné à l'Anti-

quité aux tableaux de ſes Dieux,
de qui ils ne faiſoyent iamais
que la teſte deſcouuerte, leur ca-
chant tous les autres membres,
pour luy mõſtrer qu'il n'impor-
toit que celà luy fuſt couuert où
la Beauté diuine ne conſiſtoit
pas : Et ainſi que nos Peintres
meſmes nous l'apprennent par
les portraicts de nos Anges,
qu'ils ne nous font iamais voir
qu'auecques des teſtes portées
par des ælles, leur broüillant &
leur enuironnant tout le reſte
du corps de nuës amaſſees l'vne
ſur l'autre, qui ne ſont qu'autant
de figures d'eſchines groſſes, rõ-
des & eſleuées par les accidents
fortuits à qui la generation des
corps inferieurs eſt ſubiecte :
Cõme auſſi n'apperceuons nous
veritablement de ces deux lu-
mineuſes Diuinitez viſibles d'A-

pollon & de sa Sœur, que leur
chef seulement ; Et pour le reste
de leurs corps, que des broüil-
lards & des nüages qui allants
& venants ne nous representent
pour tout que des Chimeres &
des formes monstrueuses : Ce
qu'vne Image que les Ægyptiés
auoyent entre leurs hyerogly-
phes, nous confirme de rechef,
de qui la belle face & la belle teste leur signifioit la Diuinité, &
les espaules haultes & montüeu-
ses, ce bas monde icy (lesquelles
on a despuis interpretées pour
nos fautes qu'elle laissoit en ar-
riere, & dont elle retiroit ses
yeux le plus qu'elle pouuoit.)
Voylà donc comment il ne faut
seulement pas confesser que nostre Chef soit quelque parcelle
cœleste : mais vn petit Ciel mesme en qui les sept Planetes,

comme celles du Soleil & de la
Lune, se font voir en ses yeux,
Celles de Mars & de Venus, en
ses aureilles, celles de Saturne &
de Iuppiter, en son nez: Celle de
Mercure, en sa bouche, Et l'im-
mense quantité des estoilles fixes, au nombre infiny de ses cheueux: Et à propos du messager
des Dieux dont ie viens de parler, puis qu'il ne nous figure que
le bel Entendement, ne voyant à
ses Hermes autre chose que des
testes & non rien plus, qui ne soit
informe & sans recongnoissance
aucune de corps quelconque,
qu'est-ce à dire sinon que la Beauté de l'esprit ne se loge point
ailleurs qu'en la Beauté diuine
de nostre Chef à qui elle ressem-
ble, & non point en nos autres
parties dont les Dieux laissent
la procréation à l'abandon de

hazardeuſes rencontres de noſtre naiſſance ? Ainſi par voſtre
beau Chef, au front de qui le
Ciel à tant imprimé de ſes graces
auec des caracteres de merueille
& d'eſtonnemēt ſi grand, Et par
voſtre corps, en qui l'ignorance
de la Nature s'eſt faict veoir ſi
groſſiere, nous eſtes vous vn
vray ſpectacle de la Beauté diuine, qui participant à ſon humeur deſdaigneuſe des œuures
humaines, tirez vn ſi parfaict
contentement d'exceller par la
prodigalité des perfections que
les Dieux vous ont dónées, que
vous ne pouuez eſtre trauerſée
de deſplaiſir aucun de la chiche-
té des autres : Ce qui fera que
(apres auoir iugé qu'il me doibt
ſuffire de vous auoir deſcouuert
par tant d'exemples la iuſte opinion dont il vous a ſemblé iuſ-

qu'icy qu'vne enuie de vous
complaire, faiſoit que ie vous
entretinſe pluſtoſt d'vn cœur
remply de paſſions que d'vne
bouche pleine de raiſons) ie fi-
niray en vous ſupplyant qu'à
l'exemple de ceſte Diuinité Æ-
gyptienne, vous reiettiez derriere vous mes imperfeƈtions , &
que vo⁹ deſtourniez voſtre beau
viſage de deſſus tant de demeri-
tes qui me difforment , & dont
la veuë ne vous peut ſeruir que
de rendre mes amoureuſes peines indignes de voſtre compaſ-
ſion: Affin que bouche à bouche
& flanc à flanc , ie ioüyſſe vn
iour auecques vous de ce bien,
où c'eſt que toutes mes penſées
croyent fermement que les plus
parfaiƈtes delices de ce monde
ſe ſoyent retirées pour augmen-

ter leur douceur, & mon impatience de les gouſter.

FIN.

DV SIEVR DE LA VALLETRYE, A CEVX qui le recomman-
dent.

Comme le teint vermeil d'vne beauté
   tendronne
Deſdaigne les faueurs du fard & du pinceau,
Le laurier immortel qui luy ſert de Couronne
Ne veut point de nos vers pour paroiſtre
   plus beau.

LVSSABEAV.

www.ingramcontent.com/pod-product-compliance
Lightning Source LLC
LaVergne TN
LVHW010303190726
843502LV00014B/1106